> G.B.S. 하나님 마음에 합한 시리즈 ①
>
> # 하나님 마음에 합한 생활

프리셉트성경연구원 편

묵상하는사람들
프리셉트

서 문

"어떻게 하면 **하나님의 마음에 합한 생활**을 할 수 있을까?"라는 생각은 현대를 살아가는 많은 그리스도인의 고민일 것입니다. 이러한 고민 속에서 한국 교회에 헌신된 목회자들이 지혜를 모아 그 결과로 본서가 나오게 되었습니다. 가치관이 전도된 현실 속에서 한국 교회의 성도들이 하나님의 백성으로서의 정체성을 회복하고 거룩한 공동체를 세워 가는, 하나님의 마음에 흡족한 성도들이 되길 소망합니다.

본서는 총 12과로 구성되었으며, 소그룹(구역, 셀, 제자양육, 각 교육기관)에서 활용할 수 있도록 구성하였습니다. 다루고 있는 주제는 교회와 사회에서 필요한 그리스도인들의 생활과 영성을 중심으로 하여 그리스도인들에게 꼭 필요한 주제들로 다루었습니다.

또한 본서는 귀납적 성경연구 방법(Inductive Bible Study Method)을 근간으로 하여 만들어졌습니다. 귀납적 성경연구란 성경 본문 그 자체로부터 시작하는 성경연구 방법으로, 성경을 먼저 깊이 묵상하는 것을 중시하며 철저한 본문 관찰, 정확한 해석, 올바른 적용을 추구하는 성경연구 방법입니다.

본서의 연구를 통해 경건한 개인, 건강한 공동체로 새롭게 거듭나는 시간이 되시길 기원합니다.

바쁜 목회일정 가운데도 집필에 참여해 주신 만나교회 김병삼 목사님, 주안교회 한상호 목사님, 기둥교회 고신일 목사님, 구로중앙교회 곽주환 목사님과 정리 등으로 많은 도움을 주시고 수고해 주신 교역자 분들께도 감사를 드립니다.

프리셉트성경연구원

활용 지침

1. 이 책은 소그룹에서 활용하기에 적합하도록 50분에서 1시간 정도의 분량에 맞추어 편집되었습니다. 따라서 인도자는 시작 시간을 준수해야 합니다.

2. 각 과에 제시된 찬송가는 각 과의 주제에 맞추어 삽입되었습니다.

3. 요절은 각 과의 본문에서 핵심성구를 추출하여 굵은 글씨로 표기하였습니다. 소그룹 안에서 함께 암기하며, 암기한 것을 체크해 보도록 합니다.

4. 성령께서 말씀의 비밀한 세계를 깨우쳐 주시도록 함께 기도하십시오.

5. 박스 안에 묶은 글들은 이해를 돕기 위해 기록한 것이므로 사전에 미리 읽어오거나 함께 읽도록 합니다.(인도자의 인도 방법에 따르는 것도 좋습니다.)

6. 적용하기는 한 과에 2-3개의 질문이 주어져 있습니다. 그룹 안에서 적용하여 나누기에 가장 좋은 문제들을 선택하여 사용하도록 합니다.

7. 성경공부를 인도할 때 인도자는 조원들의 참여도에 관심을 가져야 합니다. 예를 들면, 적극적으로 토론에 참여하는 사람에게는 조금 자제를 시키고, 소극적인 사람에게는 참여를 유도하는 질문을 통해서 균형잡힌 토론이 되도록 해 주어야 합니다.

차 례

시리즈 · 하나님 마음에 합한 생활

1과 신령과 진정으로 드리는 예배 8
2과 하나님의 책 성경 17
3과 주님께서 가르치신 기도 25
4과 하나님께 드리는 진실한 찬양 34
5과 말씀 묵상과 적용의 생활화 41
6과 성도의 교제 49
7과 성경적인 재물관과 헌금 56
8과 발을 씻기는 섬김 64
9과 하나님의 마음을 전하는 전도 72
10과 세계를 품는 그리스도인 80
11과 세례와 성만찬 87
12과 건강한 주일성수 95

시리즈 2 하나님 마음에 합한 교회

I부 교회란 무엇인가?
  1과 교회의 본질
  2과 교회의 명칭 및 정의
  3과 교회의 속성
  4과 교회의 표식

II부 교회의 사명
  5과 모이는 교회
  6과 가르치는 교회
  7과 역동하는 교회

III부 교회의 바람직한 모델 – 초대교회를 중심으로
  8과 흩어지는 교회
  9과 부흥하는 교회 – 예루살렘의 처음교회
  10과 전도하는 교회 – 안디옥 교회
  11과 믿는 자의 본이 되는 교회 – 데살로니가 교회
  12과 칭찬듣는 교회 – 서머나 교회와 빌라델비아 교회

시리즈 3 하나님 마음에 합한 사람

  1과 믿음있는 사람 – 아브라함
  2과 생각하는 사람 – 예수님
  3과 비전을 품은 사람 – 여호수아
  4과 고난을 함께 하는 사람 – 룻
  5과 감동을 주는 사람 – 다윗

6과 삶의 지경을 넓힌 사람 – 사도 바울
7과 사랑을 고백한 사람 – 베드로
8과 정직한 사람 – 요셉
9과 우선순위를 아는 사람 – 솔로몬
10과 중심이 변화된 사람 – 야곱
11과 훈련받은 사람 – 모세
12과 자신을 아는 사람 – 세례요한

시리즈 4 하나님 마음에 합한 사역

I부 가정 사역

1과 그리스도인의 가정
2과 그리스도인의 결혼
3과 그리스도인의 건강
4과 그리스도인의 경제
5과 그리스도인의 문화
6과 그리스도인의 여가

II부 사회 생활

7과 그리스도인의 대인관계
8과 그리스도인의 언어
9과 그리스도인의 직장
10과 그리스도인의 구제
11과 그리스도인고 환경
12과 그리스도인의 인격

신령과 진정으로 드리는 예배

찬송: 50장, 53장
본문: 요한복음 4:19-24
요절: 요한복음 4:24

¹⁹여자가 가로되 주여 내가 보니 선지자로소이다 ²⁰우리 조상들은 이 산에서 예배하였는데 당신들의 말은 예배할 곳이 예루살렘에 있다 하더이다 ²¹예수께서 가라사대 여자여 내 말을 믿으라 이 산에서도 말고 예루살렘에서도 말고 너희가 아버지께 예배할 때가 이르리라 ²²너희는 알지 못하는 것을 예배하고 우리는 아는 것을 예배하노니 이는 구원이 유대인에게서 남이니라 ²³아버지께 참으로 예배하는 자들은 신령과 진정으로 예배할 때가 오나니 곧 이 때라 아버지께서는 이렇게 자기에게 예배하는 자들을 찾으시느니라 ²⁴**하나님은 영이시니 예배하는 자가 신령과 진정으로 예배할지니라**

◎ 우리 교회 예배 시간에 발견할 수 있는 잘못된 습관을 나눠 봅시다.

_____

_____

_____

> **관찰을 위한 도움 글**
>
> 신약성경(개역)에는 예배라는 단어가 총 10개 절에서 15번 사용됩니다. 그런데 오늘 본문에서만 5개 절에서 10번이나 예배라는 단어가 등장하고 있습니다. 수적인 비중보다 더욱 의미있는 것은 오늘 본문이 예수께서 '예배'에 대해 직접 설명하신 유일무이한 구절이라는 사실입니다. 그렇다면 예수께서 말씀하신 참된 예배란 과연 어떤 예배일까요?

I. 본문 속으로

예수님께서 사마리아 지역을 지나가시다가 한 여인을 만났습니다. 이 여인과 예수님 사이에는 몇 마디의 대화가 오고 갑니다. 대화 속에서 예수께서 선지자라는 확신을 얻은 여인은 예배에 관해 가지고 있던 궁금증을 표현합니다. '우리 조상은 이 산 위에서 예배를 드렸는데 선생님네 사람들은 예배드려야 할 곳이 예루살렘에 있다고 합니다.' (표준새번역) 예배에 대한 여인의 관심은 '장소'에 있었습니다. 그러나 예수님은 예배에 있어서 장소가 중요하지 않음을 말씀하셨습니다. 그렇다면 예배에 대한 예수님의 강조점은 어디에 있었을까요? 본문 속에서 예수님의 대답을 찾아봅시다.

21절 : 참 예배의 대상 (　　　　　　)
23절 : 참 예배의 방법 (　　　　) 과 (　　　　　)

그렇습니다. 영이신 하나님께 신령과 진정으로 예배 드리는 것이 예수님께서 말씀하신 참 예배입니다. 그렇다면 여기에 대해서 좀 더 자세히 알아봅시다.

> **해석을 위한 도움 글**
>
> 사마리아인들은 B.C. 722년에 북이스라엘 왕국이 멸망한 후 대다수의 주민들이 강제로 앗수르로 이주된 뒤에 남아 있던 유대인과 이주해 온 이방인 사이에서 태어난 혼혈민족이었습니다. 이들은 혈통 뿐만 아니라 유일신 여호와에 대한 종교의식과 성경에 대한 기준도 유대인과 달랐습니다. 그들은 그리심 산을 성소로 삼았습니다. 그래서 유대인들과 사마리아인들은 각기 자신들만의 성소와 경전과 다른 형태로 예배 드렸으며, 항상 서로를 부정한 자들로 규정하고 있었습니다. 본문에 나타난 여인의 성소에 대한 물음과 '너희는 알지 못한 것을 예배한다' 는 예수님의 표현은 이러한 상황을 배경으로 하고 있는 것입니다.

II. 배우기

1. 거짓 예배의 유형들

1) 잘못된 대상에게 드려지는 예배

본문에서 예수님은 참 예배의 대상이 하나님이심을 밝히고 있습니다. 예배를 뜻하는 히브리어 동사 '샤하'(shachah), '하와'(chawah), 헬라어 동사 '프로스퀴네오'(proskuneo)의 어원적 의미는 '절하다', '몸을 굽히다', '엎드리다' 혹은 '입맞추다' 등의 뜻입니다. 이렇게 우리가 엎드려 절하고, 입 맞추어야 하는 경배의 대상은 오직 하나님 한 분이십니다.

> 너는 (　　　　)에게 절하지 말라 여호와는 질투라 이름하는 질투의 하나님임이니라(출 34:14)
>
> 이에 예수께서 말씀하시되 사단아 물러가라 기록되었으되 주 너의 (　　　　)께 경배하고 다만 그를 섬기라 하였느니라(마 4:10)

따라서 하나님 외에 다른 대상에게 드려지는 예배는 결코 참 예배가 될 수 없습니다. 우리는 우상을 경계해야만 합니다. 우상 숭배에는 거짓신을 숭배하는 것, 자연을 숭배하는 것, 하나님을 어떤 형상으로 잘못 이해하는 것 등이 있을 수 있습니다. 그런데 우리가 살아가는 현대 사회에 있어서 더 심각한 수준의 우상 숭배는 물질에 대한 지나친 집착(물질주의)입니다. 물질적인 소유에 지나치게 집착하는 것은 하나님을 부인하고 우상에 대해 예배하는 것입니다. 이 부분이 해결되지 않고 드리는 예배 역시 참 예배가 될 수 없습니다.

> ²⁴내가 언제 (   )으로 내 소망을 삼고 (   )더러 너는 내 의뢰하는 바라 하였던가 ²⁵언제 재물의 풍부함과 손으로 얻은 것이 많음으로 기뻐하였던가 ²⁶언제 태양의 빛남과 달의 명랑하게 운행되는 것을 보고 ²⁷나 마음이 가만히 유혹되어 손에 입맞추었던가 ²⁸이 역시 재판장에게 벌받을 죄악이니 내가 그리하였으면 위에 계신 (   )을 배반한 것이니라(욥 31:24-28)

2) 잘못된 태도와 방법으로 드려지는 예배

하나님을 대상으로 드리는 예배라 할지라도 하나님께서 인정하시는 방법이 아닌 자기 나름대로 드리는 예배는 거짓된 예배입니다. 하나님께 자신의 편의나 감정에 따라서 예배를 드려서는 안됩니다. 하나님께서는 그분이 원하시는 방법대로 드리는 예배만을 받으십니다.

> 아론의 아들 나답과 아비후가 각기 향로를 가져다가 (   )을 담아 여호와 앞에 분향하였더니 불이 여호와 앞에서 나와 그들을 삼키매 그들이 여호와 앞에서 죽은지라(레 10:1-2)

> 사무엘이 사울에게 이르되 왕이 망령되이 행하였도다 왕이 왕의 하나님 여호와께서 왕에게 명하신 (   )을 지키지 아니하였도다(삼상 13:13)

이들은 하나님께서 정하신 절차를 지키지 않아 심한 책망을 받았습니다. 그런데 중요한 것은 예배의 절차만이 아닙니다. 예수님은 그들 자신이 만든 제도에 따라 예배한다고 하면서 하나님의 계명을 범하는 바리새인들을 위선자라고 비난하셨습니다. 그들은 예배의 자세한 절차만을 중요하게 생각했고, 예배의 참 정신이 무엇인지는 고민하지 않았습니다. 하나님은 사람의 전통이 하나님의 계명을 대치한 많은 종교적 관습들을 원하지 않으십니다.

> ⁸이 백성이 입술로는 나를 존경하되 (　　　)은 내게서 멀도다 ⁹사람의 계명으로 교훈을 삼아 가르치니 나를 (　　　) 경배하는도다 하였느니라 하시고(마 15:8-9)

바른 절차대로 드린 예배라 할지라도 그 중심의 태도가 바르지 않은 예배는 하나님께서 기뻐하지 않으십니다. 그런 예배는 종교적인 형식만 남아 있는 화석화된 예배입니다.

> 나는 인애를 원하고 제사를 원치 아니하며 번제보다
> (　　　　　　　)을 원하노라(호 6:6)

2. 하나님이 원하시는 예배

그렇다면 하나님께서 원하시는 태도와 방법은 무엇일까요? 우리는 구약을 통해서 하나님께 제사 드리는데 있어서 지나치게 엄격하다고 생각되는 많은 율법의 규칙들을 발견합니다. 그러나 예수님의 십자가 사역 이후에 우리는 더 이상 그런 복잡한 규칙에 따라 제사를 드릴 필요가 없어졌습니다. 그렇다면 우리는 어떻게 예배를 드려야 할까요? 이에 대해 예수님의 유일한 가르침은 '신령과 진정'으로 예배하라는 것입니다.

그렇다면 신령과 진정의 의미가 무엇인지 나름대로 자신의 의견을 말해 봅시다.

　　신령으로 예배하라 _____
　　진정으로 예배하라 _____

1) 신령으로(in Spirit)

예배는 영적인 현상입니다. 그것은 하나님께서 영이시기 때문입니다(요 4:24) 예배를 받으시는 하나님께서 영적인 존재이시기 때문에, 그 형상을 따라 지음받은 우리의 영이 하나님께 예배 드리는 것입니다. 죄로 인해 손상된 우리 영은 중보자가 필요한데 그것이 바로 예수 그리스도의 영, 바로 성령입니다. 따라서 우리는 성령의 도우심에 의지하여 영이신 하나님께 예배 드리는 것입니다.

　　또 (　　　)으로 아니하고는 누구든지 예수를 주시라 할 수 없느니라
　　(고전 12:3)

우리가 예배드릴 때는 항상 성령의 뜻에 합당한 마음으로 예배를 드려야 하며, 그것은 평상시에 우리가 성령의 뜻에 합당한 삶을 살아야 한다는 근거가 됩니다.

2) 진정으로(in Truth)

하나님은 진실하신 분입니다(시 33:4). 그러므로 하나님께 드리는 우리의 예배도 진실해야 합니다. 진실은 거짓이 없다는 것입니다. 예배를 진정으로, 신실하게 드린다는 의미는 두 가지 차원을 지적할 수 있습니다. 첫 번째 차원은 예배자의 진실한 태도입니다. 그리고 두 번째 차원은 하나님의 뜻이 진리의 말씀을 통해 올바르게 선포되는 것입니다. 성경이 말씀하는 하나님의 뜻이 예배자에게 온전히 전달되어져야 하고, 예배자의 삶이 그 진리의 말씀에 따라 변화되어야만 합니다.

본문에서 '진정'으로 번역된 헬라어 '알레데이아'는 다른 곳에서는 '진리'로 번역되기도 한다는 사실이 이러한 해석을 뒷받침하는 좋은 근거가 됩니다.

진리를 알지니 (   )가 너희를 자유케 하리라(요 8:32)

따라서 우리가 드리는 참 예배의 성격은 성령과 함께 하나님의 진리를 추구하는 것입니다. 그것이 곧 하나님과의 만남이며, 그 만남을 통해 나의 성품이 거룩하신 하나님의 성품으로 변화되는 것입니다. 이를 위해 우리는 성령의 도우심에 의지하여 영이신 하나님께 내 영에서 우러나오는 진실한 예배를 드려야 합니다. 그리고 예배 가운데 선포되는 진리의 말씀이 내 인격을, 내 삶의 태도를 변화시킬 수 있도록 내 마음밭을 다져야 합니다. 그렇다면 이런 일이 어떻게 일어날 수 있을까요? 이제 현실적인 문제들을 생각해 봅시다.

Ⅲ. 적용하기

1. 다음 글을 읽고 생각해 봅시다.

> **적용을 위한 도움 글**
>
> 아침 해가 떠올랐습니다. 저는 밖으로 나가 제가 기르던 양 가운데 가장 건강하고 깨끗하게 생긴 놈을 한 마리 골랐습니다. 이제 이 녀석이 곧 죽게 될 것이라고 생각하니 마음이 몹시 괴로웠습니다. 저는 그 녀석을 끌고 제사장 앞으로 갔습니다. 제사장에게 양을 넘기고 제사장에게 저의 죄를 고백했습니다. 사소한 시비로 옆집 사람을 다치게 한 것, 장사가 좀 되지 않는다고 하나님을 원망했던 것, 지난 번 제사 때에 아까운 나머지 병든 양을 몰래 제물로 드렸던 일 등을 솔직하게 이야기했습니다. 이야기를 듣고 난 제사장은 양의 머리를 붙들고 안수

했습니다. 그러나 나의 죄를 양이 뒤집어쓰게 된 것 같아 마음이 아팠습니다. 그 다음 장면들은 차마 이야기하기도 싫습니다. 애지중지하던 그 양은 껍질이 벗겨지고, 조각조각 나뉘어져서 결국 제단에서 불태워졌습니다. 하늘로 오르는 연기를 보면서 만감이 교차했습니다. "하나님, 저의 죄를 용서해 주소서." 그러고 나니 안도의 한숨이 나오더군요. "이제 용서받았구나. 다시는 죄를 짓지 말고 살아야 할텐데…."

이렇게 구약 시대의 예배 가운데는 실제 피흘림을 통한 죄의 용서와 구원의 감격이 공존했습니다. 예수 그리스도의 십자가 사역으로 이 과정을 면제받게 된 우리들에게도 이런 감격이 있습니까?

2. '예배' 란 무엇인지 한두 문장으로 정의해 보십시오.

3. 오늘 배운 내용을 기억하면서 함께 예배자를 위한 십계명을 작성해 봅시다. 여기에는 예배의 의미, 예배의 순서, 인도자와 예배자의 자세 등이 모두 포함되어 있어야 합니다.

■ 쉬어가는 곳

10인 10색 예배시간

1. 설교시간에 멀거니 강단을 응시하는 멀대파(눈은 목사님, 생각은 멀리 출장 중)
2. 주보에 밑줄 긋고 교정까지 보는 꼼꼼파
3. 졸면서 끄덕끄덕 콤마를 찍는 아멘파
4. 수시로 시계를 들여다보는 안절부절파
5. 옆 사람과 글로 대화하는 청각장애파
6. 예배 후에 있을 회의만을 생각하는 회의 염려파
7. 설교시간에만 성경 읽기로 시간 때우는 나홀로파
8. 찬송 부를 때 입만 벙긋대는 붕어파
9. 기도시간의 틈을 노려 묵상(?)에 잠기는 기회주의파
10. 누가 왔나, 안 왔나 두리번거리며 인원 체크하는 경비파

당신은 어떤 유형입니까? _____

하나님의 책 성경

찬송: 234 235장
본문: 디모데후서 3:14-17
요절: 디모데후서 3:16

¹⁴그러나 너는 배우고 확신한 일에 거하라 네가 뉘게서 배운 것을 알며 ¹⁵또 네가 어려서부터 성경을 알았나니 성경은 능히 너로 하여금 그리스도 예수 안에 있는 믿음으로 말미암아 구원에 이르는 지혜가 있게 하느니라 ¹⁶**모든 성경은 하나님의 감동으로 된 것으로 교훈과 책망과 바르게 함과 의로 교육하기에 유익하니** ¹⁷이는 하나님의 사람으로 온전케 하며 모든 선한 일을 행하기에 온전케 하려 함이니라

◎ 모든 그리스도인들의 삶과 결코 분리시켜서 생각할 수 없는 책이 있습니다. 이 책은 세계 역사상 유례없는 베스트셀러이자, 스테디셀러이기도 합니다. 그러나 이 책은 또한 신앙인들에게 적잖이 부담스러운 책이기도 합니다.

다음 질문에 O, X로 대답해 봅시다.(각 문항당 1점)

· 나는 매일 분량을 정해 규칙적으로 성경을 읽는다. (   )
· 나는 신, 구약 성경 모두를 통독한 적이 있다. (   )
· 나는 성경을 배우기 위해 교회에서 개설한 성경공부 과정에 등록한 적이 있다. (   )

> ・내가 외우고 있는 성구가 적어도 30개는 넘는다. (　　)
> ・나는 지난 주 목사님의 설교 본문과 내용을 기억한다. (　　)

어떻습니까? 이 가운데 3점 미만은 적어도 이 부분에 있어서는 낙제점이라고 할 수 있습니다. 그렇다면 왜 우리가 성경을 읽고, 알아야 할까요? 또 성경은 어떻게 읽어야 바르게 읽는 것일까요? 오늘은 이 문제에 대해 고민해 보기로 하겠습니다.

I. 본문 속으로

디모데후서는 바울이 자신의 영적인 아들 디모데에게 옥중에서 쓴 마지막 서신으로 그리스도의 강한 군사로 충성을 다할 것을 당부하는 메시지입니다. 그 가운데 오늘 인용된 본문은 성경의 기원과 목적에 대해 고전적이면서도 가장 분명하게 우리에게 알려 주고 있는 부분입니다. 본문을 다시 한 번 읽으면서 성경의 특징이 어떤 것인지 생각해 봅시다.

1) 성경 안에 담겨 있는 내용은 무엇입니까?(15절)
_____

2) 성경은 어떻게 기록되었습니까?(16절)
_____

3) 성경이 기록된 목적은 무엇입니까?(16下, 17절)
_____

*성경은 지식을 증가시키기 위해서 주어진 것이 아니라
삶의 변화를 위해 주어진 것이다. - D. L. 무디*

Ⅱ. 배우기

1. 성경은 어떤 책입니까?

성경은 '하나님의 감동'으로 기록되었다고 밝히고 있습니다. 이것이 일차적으로 우리가 주목해야 하는 성경의 특성입니다. 성경은 하나님께서 인간과 이 세상에 대해 어떤 계획을 가지고 계시고, 그들을 구원하시기 위해 역사 속에서 어떻게 활동하셨는가에 대한 이야기입니다.

성경은 다양한 장르의 글이 다양한 언어와 문체로 기록되어 있습니다. 그러나 우리가 성경을 읽으면서 놓치지 말아야 할 것은 그 내용의 핵심이 예수 그리스도 안에 있는 믿음으로 구원에 이르게 하는 지혜라는 사실입니다.

구분	구약	신약
언어	히브리어	헬라어
권수	39권	27권
분류	율법서 5권, 역사서 12권 대예언서 5권, 소예언서 12권 성문서 5권	복음서 4권, 역사서 1권 서신서, 21권, 예언서 1권

2. 성경은 왜 읽어야 합니까?

그리스도인이란 어떤 사람들입니까? 하나님의 뜻대로 살아야 하는 사람입니다. 그런데 하나님의 뜻이 기록되어 있는 것이 바로 성경입니다. 따라서 성경을 읽고, 그 가운데서 이 세상과 자신을 향한 하나님의 뜻을 발견하고 삶 속에 적용하며 살아야 하는 것이 모든 그리스도인들에게 요구되는 필수적인 의무입니다. 성경이 자주 '영의 양식'에 비유되는 것은 말씀을 읽고 깨워 실천하는 것이 마치 음식을 먹어야만 살 수 있는 것과 마찬가지로 중요하기 때문입니다. 예수께서는 금식한 후

사단으로부터 돌들을 떡덩어리가 되게 하라는 시험을 받았을 때 이렇게 대답하셨습니다.

> 사람이 떡으로만 살 것이 아니요 하나님의 입으로 나오는 모든
> (   )으로 살 것이라 하였느니라 하시니(마 4:4)

그 말씀은 능력이 있어서 단순한 지식에 머무는 것이 아니라 우리의 인격을 변화시키고, 삶을 변화시킵니다(히 4:12). 우리는 말씀을 통해 변화된 인생에 관한 많은 증언 속에서 살아가고 있습니다.

증언

28세에 진보적인 단체에 가입했다는 죄명으로 도스토예프스키는 수용소에 수감됩니다. 그리고 8개월 만에 사형을 언도받고 사형 집행장으로 끌려갔습니다. 사형 집행관이 마지막 유언을 남길 것을 청했습니다. 생각해 보십시오. 스물여덟의 나이에 총에 맞아 죽는데 무슨 유언을 남기겠습니까? 도스토예프스키가 망연자실하게 고개를 들었는데, 바로 그 순간 사형 집행관 건너편에 있는 그리스 정교회 탑 위의 십자가에 비친 빛이 반사되어 그의 눈을 부시게 만들었습니다. 그 순간 황제의 특사가 도착했습니다. 사형중지였습니다. 만약에 몇 초만 늦었더라도 그는 존재할 수 없었습니다. 그 이후에 그는 수년 동안 시베리아 유배 생활을 했습니다. 시베리아로 가는 도중에 그는 성경을 만나 유배 생활 내내 하나님의 말씀으로 자신을 채웠습니다. 그리고 그는 이렇게 고백했습니다. "만약 누군가가 아무도 이의를 제기할 수 없도록 성경이 거짓임을 내게 증명한다고 하더라도, 나는 그 사람의 참말보다 그가 거짓말이라고 말하는 하나님의 말씀을 믿겠다." 그는 말씀에 사로잡힌 사람이었습니다. 그 말씀의 절대성 위에서 '죄와 벌'과 '까라마조프의 형제들'이 씌여졌습니다. 말씀의 절대성 위에서 쓰여졌기에 그의 작품은 어떤 설교보다도 사람의 심령을 움직이는 귀한 설교로 남게 됩니다.

- 이재철 목사 「비전의 사람」 중에서

이제 성경이 어떤 책이며, 우리가 그 책을 꼭 읽어야 한다는 것을 배웠습니다. 이제 조금 더 나아가 **어떻게 성경을 읽어야 하는지** 더 구체적으로 살펴보도록 하겠습니다.

성경은 음식처럼 우리에게 아주 중요합니다. 재미있는 사실은 음식을 먹는 방법과 성경을 읽는 방법 사이에도 몇 가지 유사점이 있다는 사실입니다. 어떤 점에서 그럴까요?

1) 꾸준히 먹어야 합니다. - 매일 성경 읽기

우리는 보통 하루에 세 끼를 먹습니다. 아무리 좋은 음식을 배불리 먹어도 우리는 하루가 지나지 않아 또 새로운 음식을 먹어야 합니다. 규칙적인 식사는 우리 몸을 건강하게 합니다. 마찬가지입니다. 성경을 읽고 묵상하는 습관 역시 꾸준히 지속되어야 하는 습관입니다. 매일 말씀을 읽지 않는 사람의 삶이 하나님 앞에서 성숙해 가기는 거의 불가능합니다. 시간을 정해 놓고 경건의 시간(Q.T)을 갖거나, 꾸준히 새벽예배에 참석해서 말씀을 읽는 것은 아주 중요한 신앙의 습관입니다.

(   ) 자기 옆에 두고 읽어서 그 하나님 여호와 경외하기를 배우며 이 율법의 모든 말과 이 규례를 지켜 행할 것이라 (신 17:19)

2) 골고루 먹어야 합니다. - 성경 통독

영양 실조란 반드시 못 먹어서 생기는 병만은 아닙니다. 지나치게 편식을 하거나 소식을 하게 될 경우에도 성장이나 신진대사에 장애를 일으킬 수 있습니다. 성경 역시 마찬가지입니다. 창세기부터 요한계시록까지 전체의 흐름을 이해하는 안목을 가지고 있어야 부분부분의 의미를 정확하게 이해할 수 있습니다. 이것이 성경 통독이 필요한 이유입니다. 성경을 읽을 때는 나무와 숲을 함께 보는 안목이 필요합니다.

오늘 본문에서도 '모든 성경'(All Scripture, N.I.V)이라고 규정하고 있지 않습니까?

3) 꼭꼭 씹어 먹어야 합니다. - 묵상과 암송의 중요성

아무리 좋은 음식도 제대로 씹지 않고 먹으면 소화가 어려울 뿐만 아니라 자칫 잘못하면 체하는 수도 있습니다. 음식은 꼭꼭 씹어 먹어야 탈이 나지 않고 흡수도 잘 되는 법입니다. 앞에서 통독의 중요성을 말했지만, 무조건 빨리, 많이 읽는 것이 좋은 것은 아닙니다. 요즘 '귀납적 성경읽기'가 한국교회에도 많이 보급되고 있습니다. 이는 말씀을 육하원칙에 따라 철저하게 분석하는 것입니다. '왜 하나님께서는 당시 그 사람들에게 그러한 말씀을 주셨는가?'에 대한 분명한 이해를 바탕으로 '지금 하나님께서 내게 요구하시는 것이 무엇인가?'를 발견하는 것입니다. 말씀을 깊이있게 묵상하지 않으면 그 말씀은 피상적인 교훈에 그칠 뿐 내 삶을 변화시키는 데에는 한계가 있습니다.

더 나아가 말씀은 암송할 때 비로소 내 것이 됩니다. 언제 무슨 일이 생기거나 시험에 들더라도 말씀으로 능히 그것을 이길 수 있기 때문입니다. 예수님이 그러하셨던 것처럼 말이죠.

이것을 네 손가락에 매며 이것을 네 (　　　　)에 새기라 (잠 7:3)

4) 영적 비만을 경계하라 - 실천합시다!

요즘 우리 사회에는 다이어트 붐이 일고 있습니다. 과체중이나 비만이 되는 이유는 무엇입니까? 높은 영양가의 음식을 먹고 난후 운동량이 부족하여 다 소모되지 못하고 체내에 축적되기 때문입니다. 일하거나 운동하지 않으면 애써 섭취한 영양분은 오히려 독이 되기도 합니다. 우리 그리스도인들 역시 영적 비만을 경계해야 합니다. 성경을 읽고 공부는 열심히 하면서 그 말씀대로 실천하지 않는 사람은 죽은 믿음을 소유한 사람임을 잊지 말아야 합니다.

이 (   )을 네 입에서 떠나지 말게 하며 (   ) 그것을 묵상하여 그 가운데 기록한 대로 다 지켜 행하라 그리하면 네 길이 평탄하게 될 것이라 네가 형통하리라(수 1:8)

Ⅲ. 적용하기

1. 말씀과 관계된 나의 생활에 있어서 문제점은 무엇이었는지 서로 토론해 봅시다.

분야	나의 반성
말씀을 들음	
말씀을 읽음	
말씀을 공부함	
말씀을 암기함	
말씀을 묵상함	

* 말씀 묵상에 대해서는 제5과에서 좀더 자세하게 배우게 됩니다.

적용을 위한 도움 글

흔히 성경을 배우고 삶에 적용하기 위해서는 다섯 가지 요소가 필요하다고 합니다. 우리 신체에서 다섯 손가락이 균형을 이루어야 하는 것처럼 성경 말씀을 ①듣고, ②읽고, ③공부하고, ④암기하고, ⑤묵상하는 균형잡힌 습관을 가지면 성경을 이해하고 삶에 적용할 수 있을 것입니다.

2. 자신이 암송하고 있는 성구에는 어떤 것이 있으며, 그 성구가 도움을 준 기억에 대해 서로 나누어 봅시다.

_____

_____

3. 1년에 성경을 1독 이상 하기 위한 좋은 방법을 서로 나누어 보고, 그룹 안에서 함께 실천해 봅시다. 성경 읽기표를 사용하는 것은 아주 좋은 방법입니다.

_____

_____

주님께서 가르치신 기도

찬송: 482, 483장
본문: 마태복음 6:9-13
요절: 마태복음 6:9-13

⁹그러므로 너희는 이렇게 기도하라 하늘에 계신 우리 아버지여 이름이 거룩히 여김을 받으시오며 ¹⁰나라이 임하옵시며 뜻이 하늘에서 이룬 것 같이 땅에서도 이루어지이다 ¹¹오늘날 우리에게 일용할 양식을 주옵시고 ¹²우리가 우리에게 죄 지은 자를 사하여 준 것 같이 우리 죄를 사하여 주옵시고 ¹³우리를 시험에 들게 하지 마옵시고 다만 악에서 구하옵소서 (나라와 권세와 영광이 아버지께 영원히 있사옵나이다 아멘)

◎ 다음 몇 가지 질문에 관해 의견을 나눠 봅시다.

1) 우리가 기도하는 습관에 대해 이야기를 나눠 봅시다. 당신은 시간을 따로 내어 기도하는 습관이 있습니까?

2) 기도가 무엇인지 짧은 말로 정의를 내려 봅시다.

> **관찰을 위한 도움 글**
>
> 성경 말씀이 영의 '양식'이라면, 기도는 영의 '호흡'이라고 합니다. 우리 몸은 호흡이 제대로 이루어지지 않으면 얼마 못가서 생명을 잃고 맙니다. 우리 뇌는 약 8분 동안만 산소의 공급에 지장이 있으면 돌이킬 수 없는 기능장애를 일으켜 운동기능이나 기억력 등에 심각한 문제가 발생합니다. 이렇게 볼 때 기도를 영적인 호흡이라고 하는 것은 기도가 우리의 영적 생활에 얼마나 중요한 부분을 차지하고 있는지를 단적으로 지적해 주는 말이라 하겠습니다. 성경 역시 이렇게 말씀하고 있습니다.
>
> **쉬지 말고 기도하라(살전 5:17)**
>
> 여러 가지 정의가 가능하지만 우선 기도는 하나님과의 진실한 만남과 대화입니다. 서로 사랑하는 사람 사이에는 많은 만남과 대화가 이루어집니다. 마찬가지로 하나님과 우리 사이에 건강한 관계가 성립되어 있다는 것은 우리가 깊은 기도 가운데 놓일 수 있을 때 가능해집니다. 그러면 어떤 기도가 바람직한 기도일까요? 오늘은 기도에 대해 알아보겠습니다.

I. 본문 속으로

본문은 우리가 흔히 '주의 기도'(Lord's Prayer)라고 부르는 기도를 담고 있습니다. 사실 보다 바람직한 명칭은 '주님께서 가르쳐 주신 기도', '주님께서 모범을 보이신 기도'일 것입니다. 예수께서 기도에 관해 본을 보여 주신 유일한 본문을 분석함으로써 우리는 어떤 기도가 하나님 앞에 드려지는 온전한 기도인지를 배울 수 있습니다. 그러기에 앞서 본문의 앞부분을 살펴보십시오. 예수님은 잘못된 기도를 지적하고 계십니다. 어떤 내용입니까?

(　　　) 기도를 드리지 말고 (　　　)하게 (　　　) 께 기도하라.(마 6:5-6)

(　　　) 또는 (　　　) 하지 마라. (　　　) 께서는 이미 기도의 내용을 알고 계신다.(마 6:7-8)

* 중언부언(헬. 바톨로거 오) : 술사들이 주문을 외우거나 어린아이들이 아무 의미 없는 말을 반복하여 중얼거리는 것을 뜻함.

II. 배우기

1. 주기도문

우리는 주님께서 가르쳐 주신 유일한 모범 기도문을 그저 습관적으로 외울 때가 많습니다. 그러나 주기도문에서 담고 있는 각 부분의 의미들을 꼼꼼하게 살펴보면 우리는 올바른 기도가 어떤 것인지 배울 수 있습니다. 주기도문은 대략 다음과 같은 구조로 되어 있습니다.

해석을 위한 도움 글

주기도문의 구조

1. 기도의 대상 : "하늘에 계신 우리 아버지여"(9절)
2. '하나님'을 위한 기도(9-10절)
   ① 하나님의 이름 : "(하나님의) 이름이 거룩히 여김을 받으시오며"
   ② 하나님의 나라 : "(하나님의) 나라이 임하옵시며"
   ③ 하나님의 뜻 : "(하나님의) 뜻이 하늘에서 이룬 것 같이 땅에서 이루어지이다"
3. '우리'를 위한 기도(11-13절)
   ① 우리의 양식 : "우리에게 일용할 양식을 주옵시고"
   ② 우리의 죄사함 : "우리가 우리에게 죄지은 자를 사하여 준 것 같

> 이 우리 죄를 사하여 주옵시고"
> ③ 우리의 시험과 악에서의 구원 : "우리를 시험에 들게 하지 마옵시고 다만 악에서 구하옵소서"
> 4. 송영 : "나라와 권세와 영광이 아버지께 영원히 있사옵나이다 아멘"(13절)

이러한 주기도문을 통해 우리가 배울 수 있는 것은 무엇입니까?

1) 기도는 살아 계신 하나님께 드리는 것입니다.

그 하나님은 어떤 분이십니까? 나를 포함한 온 인류와 우주 만물의 창조주, 구속자, 섭리자가 되시는 분입니다. 하지만 동시에 그분은 우리의 모든 필요를 알고 계신 자상한 '아빠'가 되십니다. 우리는 모든 것을 아시고, 모든 일을 하실 수 있는 아빠에게 기도하는 것입니다.

> 평생을 수도원에서 경건 생활로 보낸 대주교가 있었습니다. 그의 경건 생활의 핵심은 규칙적인 기도의 생활이었고, 그는 기도의 사람으로 존경을 받았습니다. 이제 나이들어 늙게 된 그가 여느 때처럼 정해진 시간에 기도를 하기 위해 예배실로 들어갔습니다. 의례 그랬듯이 대주교는 기도를 시작했습니다. "전능하신 아버지 하나님이시여" 그 순간 갑자기 음성이 들렸습니다. "그래, 내가 듣고 있으니 이야기해 보아라" 그 순간 이 대주교는 심장마비로 쓰러져 죽고 말았습니다.
> — H.G. 웰즈가 지은 단편 소설 「대주교의 죽음」의 줄거리

당신은 기도할 때 살아 계시고 인격적인 하나님께서 지금 그 기도를 듣고 계시다는 사실에 대한 믿음과 감격이 있습니까?

2) 기도의 우선순위는 하나님입니다.

우리의 기도는 흔히 하나님께 무엇인가를 '구하는' 기도에 치우쳐 있습니다. 그러나 예수께서 드린 기도의 우선순위는 오직 하나님께 초점이 맞추어져 있었습니다. 하나님의 이름이 높임을 받고, 하나님의 나라가 이 땅에 이루어지며 동시에 하나님의 뜻이 이 땅에서 실현되는 것… 이렇게 될 때 우리들의 모든 필요가 자연스럽게 채워지게 됩니다. 따라서 우리는 먼저 하나님께 영광을 돌리고 하나님의 나라와 의를 구하는 기도를 먼저 드려야 합니다. 주기도문의 마지막 절 '송영' 역시 이러한 믿음을 담고 있는 초대교회의 신앙고백입니다.

먼저 그의 (　　　　)와 그의 의를 구하라 그리하면 이 (　　　　)을 너희에게 더하시리라(마 6:33)

이러한 기도의 우선순위는 우리가 필요한 양식에 대한 기도는 단지 1절로 족하고, 나머지 '우리를 위한 기도'는 죄의 용서와 악으로부터의 승리를 두고 있다는 것이 보다 분명해집니다. 하나님께서 알고 계신 우리의 필요는 '하나님께서 필요한 양식을 주신다'는 기초적인 믿음으로 충분합니다. 보다 중요한 것은 우리가 죄와 악의 영향력에서 늘 벗어날 수 있도록 기도하는 것입니다.

3) 기도에는 실천의 다짐이 들어 있습니다.

기도를 드릴 때 우리는 그 기도의 내용대로 실천하겠다는 다짐과 동시에 하나님과 약속을 하고 있는 것입니다. '하나님의 뜻이 이 땅 위에 이루어지게 해달라는' 기도를 드릴 때 우리는 하나님의 뜻을 이 땅 위에 실현하며 살겠다고 다짐하고 있는 것입니다. 또 '우리가 우리에게 죄 지은 자를 사하여 준 것같이 우리 죄를 사하여 주옵시고'라는 본문에는 우리가 서로 죄를 용서해 주겠다는 실천의 다짐이 들어 있습니다.

당신이 지금 기도하고 있는 내용들에 대한 당신의 실천은 어떻습니까? _____

2. 기도의 요소

우리는 이렇게 주기도문을 통해 기도의 중요한 원칙을 살펴보았습니다. 여기서 좀더 범위를 넓혀서 균형잡힌 기도에는 어떤 요소들이 포함되어 있어야 하는지를 생각해 보겠습니다.

1) 찬양 : 하나님이 어떤 분이신지를 고백하고 그 이름을 높이는 것입니다.

( ) 광대하심과 권능과 영광과 이김과 위엄이 다 주께 속하였사오니 천지에 있는 것이 다 주의 것이로소이다 여호와여 주권도 주께 속하였사오니 주는 높으사 만유의 머리심이니이다

우리 하나님이여 이제 우리가 주께 감사하오며 주의 영화로운 이름을 ( )하나이다(대상 29:11-13)

2) 감사 : 하나님께서 우리에게 주신 모든 것, 베푸신 모든 일에 대해 감사하는 것입니다.

( )에 감사하라(살전 5:18)

3) 자백 : 하나님 앞에서 자신의 죄를 솔직하게 인정하고 회개하는 것입니다.

만일 우리가 우리 죄를 ( )하면 저는 미쁘시고 의로우사 우리 죄를 ( ) 모든 불의에서 우리를 ( ) 하실 것이요 (요일 1:9)

4) 중보 : 다른 사람들의 상황과 필요에 대해 하나님께 구하는 것입니다.

그러므로 내가 첫째로 권하노니 (   )을 위하여 간구와 기도와 도고와 감사를 하되(딤전 2:1)

5) 간구 : 자신의 필요를 하나님께 구하는 것입니다. 이것이 왜 마지막에 등장하는지 생각해 보십시오.

아무 것도 염려하지 말고 오직 모든 일에 기도와 간구로 (   )을 감사함으로 하나님께 아뢰라(빌 4:6)

3. 기도 응답의 확신

그런데 우리의 기도 생활을 가로막는 가장 큰 장애물은 우리가 기도 응답의 확신을 갖고 있지 못하다는 사실입니다. 성경은 이 상황에 대해 이렇게 증거합니다.

그러므로 내가 너희에게 말하노니 (   ) 기도하고 구하는 것은 받은 줄로 (   ) 그리하면 너희에게 그대로 되리라 (막 11:24)

지금까지는 너희가 내 이름으로 아무 것도 구하지 아니하였으나 (   ) 그리하면 받으리니 너희 기쁨이 충만하리라(요 16:24)

너희가 얻지 못함은 구하지 아니함이요 구하여도 받지 못함은 (   ) 잘못 구함이니라(약 4:2-3)

> **적용을 위한 도움 글**
>
> **삶을 변화시키는 기도**
>
> 기도는 우리의 의무와 특권일 뿐만 아니라 또한 강력한 은혜의 통로이기 때문에 우리는 기도해야 한다. 즉, 하나님께서는 기도를 통해 당신의 뜻을 알려 주신다. 기도를 통해 변화가 일어나는가? 우리는 "그렇다"라고 크게 대답할 수 있어야 한다. 기도는 우리를 변화시킬 뿐만 아니라 변화를 불러온다.
>
> 성 어거스틴의 어머니 모니카는 헌신된 그리스도인이었다. 그녀는 죄악된 생활에 빠져 방탕한 나날을 보내는 아들 때문에 깊은 시름에 잠겨 있었다. 그녀는 매일 아들의 회심을 위해 눈물로 기도했다. 하루는 밀란의 유명한 암브로스 주교를 찾아가 자신의 기도가 헛되지 않을 것이라는 확신과 위로를 얻고 싶었다. 암브로스 주교는 "모니카, 울음을 그치세요. 눈물로 기도하는 어머니를 둔 자녀들은 결코 망하는 법이 없습니다." 신실하게 기도하는 어머니 밑에서 자란 성 어거스틴은 결국 기독교 역사에 길이 남는 위대한 그리스도인이 되었다.

Ⅲ. 적용하기

1. 기도 노트 작성하기

다음과 같은 형식으로 기도 노트를 작성하면 기도를 구체적으로 할 수 있고, 하나님께서 응답하시는 결과를 직접 확인할 수 있다는 장점이 있습니다.

날 짜	
기도제목	
말 씀	
응 답	

2. 나는 균형잡힌 기도 생활을 하고 있습니까? 내 기도의 내용들을 다시금 정리해 봅시다.

___

___

3. 공동기도문 작성하기 – 우리 그룹의 공동기도문을 작성해 봅시다.

___

___

> 우리는 흔히 바빠서 기도할 수 없다고 말합니다.
> 그러나 역사가 증언하는 믿음의 사람들은 한결같이
> 그 우선순위가 기도에 맞추어져 있었습니다.
>
> "나는 너무나 할 일이 많아서 하루 네 시간은
> 기도하지 않으면 안된다." – 마틴 루터

하나님께 드리는 진실한 찬양

찬송: 101, 46장
본문: 시편 150:1-6
요절: 시편 150:6

¹할렐루야 그 성소에서 하나님을 찬양하며 그 권능의 궁창에서 그를 찬양할지어다 ²그의 능하신 행동을 인하여 찬양하며 그의 지극히 광대하심을 좇아 찬양할지어다 ³나팔 소리로 찬양하며 비파와 수금으로 찬양할지어다 ⁴소고 치며 춤추어 찬양하며 현악과 퉁소로 찬양할지어다 ⁵큰소리 나는 제금으로 찬양하며 높은 소리 나는 제금으로 찬양할지어다 **⁶호흡이 있는 자마다 여호와를 찬양할지어다 할렐루야**

◎ 다음 몇 가지 질문에 관해 의견을 나눠 봅시다.

1) 당신이 가장 좋아하는 찬송은 무엇입니까? 왜 그렇습니까?
_____
_____

2) 찬송이 일반 대중 가요와 다른 점은 무엇이라고 생각하십니까?
_____
_____

> **관찰을 위한 도움 글**
>
> 찬송은 하나님과 이웃을 향한 우리의 마음을 구체적으로 표현하는 '입술의 열매'입니다. 성경은 하나님께서 찬송받기 위해 우리를 지으셨다고 증거하고 있습니다. 따라서 기도가 '영적인 호흡'이라면 찬송은 '영적인 맥박'과 같습니다. 또한 찬송은 '곡조 있는 기도'라고도 불리워집니다. 그만큼 찬송은 하나님과 우리가 건강한 관계를 유지하기 위해서 필요한 것입니다. 이런 의미에서 찬송은 선택과목이 아니라 필수과목인 것입니다. 다음의 성구들을 통해 이러한 사실을 확인해 봅시다.
>
> 이 백성은 내가 나를 위하여 지었나니 나의 찬송을 부르게 하려함이니라(사 43:21)
>
> 이러므로 우리가 예수로 말미암아 항상 찬미의 제사를 하나님께 드리자 이는 그 이름을 증거하는 입술의 열매니라(히 13:15)

I. 본문 속으로

본문은 장대한 찬양으로 이루어진 시편 가운데 마지막 편으로 시편의 결론을 이루고 있습니다. 사실 우리가 많이 사용하는 '할렐루야'라는 말의 어원 역시 '찬송'이란 뜻을 담고 있는 히브리어 '할랄'(Halal)입니다. 본문은 하나님을 찬양하는 일은 모든 생명체의 도리요 책무임을 일깨워 주고 있습니다.

1절 : 찬송이 이루어지는 곳 – 성소에서 출발해서 하나님의 권능이 미치는 모든 곳에
2절 : 찬송의 대상과 이유 – 하나님의 위대하심과 그의 하신 일
3-5절 : 찬송의 방법 – 사용 가능한 모든 악기와 방법들을 동원해서

6절 : 찬송의 의무 – 생명이 있는 모든 존재

그렇다면 우리가 부르는 찬양은 어떻습니까? 우리는 정말 진실하고 바른 태도로 하나님을 찬송하고 있습니까? 오늘 우리는 어떻게 찬송하는 것이 올바른 찬송인지 살펴보도록 합니다.

Ⅱ. 배우기

우리는 그리스도인으로서 모일 때마다 언제나 찬송을 부르게 됩니다. 그런데 때때로 찬송은 '준비찬송'이라는 이름으로 모임이 시작되기 전에 늦게 오는 사람을 기다리거나, 여러 가지 정돈에 필요한 시간을 메꾸는데 사용되고 있습니다. 이럴 때 찬송하는 사람들을 보면 그저 머리 속은 다른 생각으로 가득차 있고, 입술로만 찬송을 하는 모습을 볼 수 있습니다. 이러한 태도는 바른 것이 아닙니다. 찬송에 대해서 우리는 다음과 같은 사실들을 꼭 알아두어야 합니다.

1. 찬송은 영혼에서 우러나오는 간절함으로 해야 합니다.

마리아가 가로되 내 (　　　)이 주를 찬양하며(눅 1:46)

하나님이여 내 마음을 정하였사오니 내가 노래하며 내 (　　　)으로 찬양하리로다(시 108:1)

찬송이 대중가요나 일반 음악과 다른 점이 있다면 그 음악의 대상이 사람이 아니라 하나님이라는 사실입니다. 우리가 영이신 하나님께 신령과 진정으로 예배드려야 하는 것처럼, 하나님께 드리는 찬양을 성의없이 부른다는 것은 좋지 않은 모습이라 할 수 있습니다. 그런데 때때로 우리는 습관으로, 혹은 단순한 열정만으로 찬양하는 경향이 있습니다.

> 이런 이야기가 있습니다.
> 어느 날, 사탄의 우두머리가 부하 사탄들을 모아놓고 어떻게 세상의 믿는 사람들을 훼방했느냐고 물었습니다. 여러 대답이 있었지만 그 가운데 가장 높은 점수를 받은 것 중 하나는 이것이었습니다.
> "저는 교인들이 모여서 찬양할 때 무슨 내용인지 생각하지도 않고 열심히 찬양하게끔 만들어 놓고 왔습니다."

2. 찬송의 내용은 하나님께서 우리를 위해 해주신 모든 일입니다.

이미 감람산에서 내려가는 편까지 가까이 오시매 제자의 온 무리가 자기의 본 바 모든 (   )을 인하여 기뻐하며 큰 소리로 하나님을 (   )하여 가로되 찬송하리로다 주의 이름으로 오시는 왕이여 하늘에는 평화요 가장 높은 곳에는 영광이로다 하니(눅 19:37-38)

예수의 제자들은 예수께서 행하신 일을 통해 하나님을 찬송했습니다. 출애굽하면서 홍해를 건넜던 미리암도, 하나님의 궤를 되찾아올 때의 다윗도 하나님을 찬송했습니다. 왜 그랬을까요? 그 모든 기적같은 일들이 하나님의 능력 가운데서 이루어졌기 때문입니다. 하나님의 살아 계심과 하나님의 능력을 경험한 사람들만이 진정한 찬양을 부를 수 있습니다. 무엇보다도 우리가 찬송할 수 있는 것은 하나님께서 우리를 구원하셨기 때문입니다.

(   ) 우리 주 예수 그리스도의 아버지 하나님이 그 많으신 긍휼대로 예수 그리스도의 죽은 자 가운데서 부활하심으로 말미암아 우리를 거듭나게 하사 산 소망이 있게 하시며(벧전 1:3)

최근 당신이 하나님과 함께 하심을 경험한 경우는 어떤 때입니까? 당신은 이를 통해 합당한 찬양을 하나님께 돌려드렸습니까?

4과 하나님께 드리는 진실한 찬양

3. 찬송은 언제, 어디서나 부를 수 있어야 합니다.

할렐루야, 여호와의 종들아 찬양하라 여호와의 이름을 찬양하라
(   ) 여호와의 이름을 찬송할지로다
(   ) 여호와의 이름이 찬양을 받으시리로다(시 113:1-3)

본문은 우리가 율동과 함께 많이 부르는 '해뜨는 데부터' 라는 복음성가의 가사가 되는 본문입니다. 찬송은 시간적인 제한이 없이 영원까지 불리워야 합니다. 하나님께서는 영원히 동일하게 우리와 함께 하시기 때문입니다. 또한 찬송은 공간적인 제한이 없이 모든 지구상에 울려퍼져야 합니다. 하나님은 이 세상 만물을 창조하시고, 다스리시기 때문입니다. 그런데 우리는 때로 상황이 나빠졌을 때 원망이 찬송의 자리를 차지할 때가 있습니다. 그러나 성숙한 믿음은 고난의 순간에 오히려 더 찬송하게 합니다.

사도행전 16:23-26을 읽어 봅시다. 바울은 매맞고 옥에 갇힌 상황에서 하나님을 '찬미' 했습니다. 당신에게도 이런 경험이 있습니까? 당신이 힘겨울 때 주로 부르게 되는 찬송은 무엇입니까?

Ⅲ. 적용하기

1. 다음의 시와 내용을 함께 읽고, 내가 부르는 찬송에 어떤 점이 부족한지 토론해 봅시다.

나, 가진 재물 없으나
나, 남이 가진 지식 없으나
나, 남에게 있는 건강 있지 않으나

나, 남의 갖고 있지 않은 것 가졌으니,
나, 남이 보지 못한 것을 보았고,
나, 남이 듣지 못한 음성 들었으며,
나, 남이 받지 못한 사랑 받았고,
나, 남이 모르는 것 깨달았네.
공평하신 하나님이
나, 남이 가진 것 나 없지만
나, 남이 없는 것을 갖게 하셨네

－詩. 송명희

이 시를 쓴 사람은 한국 찬양시 문화에 획을 그은 인물인 송명희 시인입니다. 뇌성마비를 가지고 가난한 가정에 태어난 불우한 여인… 자신의 처지를 비관해 사춘기 때 몇 번이고 죽을 생각을 했던 그녀의 인생이 변화된 것은 바로 하나님과의 만남을 통해서였습니다. 그녀는 그 만남을 통해 삶의 이유를 발견하고 하나님에 대한 감사와 찬양을 수많은 찬양의 시로 옮기기 시작했습니다. 휠체어에 의지해야만 하는 인생… 자신의 흔들리는 머리를 손을 목뒤로 뻗어서 붙잡고 있어야 하는 몸… '감사합니다' 라는 한 마디를 하는데도 몇 십초가 필요한 시인… 그러나 노화 현상으로 수명이 다해가는 지금도 그녀는 장애인들을 위한 학교 설립이라는 비전을 위해 최선을 다하는 삶을 살고 있습니다. 무엇하나 내세울 것 없는 삶 속에서 하나님의 위로와 공평함을 찬양하는 그녀…. 우리가 훌륭한 찬송 가운데서 자칫 발견할 수 없었던 찬양의 요소를 그녀는 자신의 글로, 삶으로 우리에게 보여 주고 있습니다. 바로 진정한 찬양의 삶이란 이런 것이 아니겠습니까?

부족한 점:

2. 본문을 포함한 성경은 모든 악기로 찬양해야 함을 말합니다. 당신은 주일 낮 예배에서 드럼을 치는 것에 대해 어떻게 생각합니까?

_____

_____

3. 각자의 생각을 모아 우리 그룹(속회)의 찬양을 하나 정하고 함께 불러 봅시다.

　찬양제목: _____

> 일주일 내내 폐수가 흐르던 관을 깨끗한 물로 한 번 씻어냈다고 해서 수도관으로 사용할 수 있을까요? 마찬가지입니다. 일주일 내내 세속적인 생각만 하던 마음, 저속한 말만 나오던 입술을 통해 하나님께 드릴만한 깨끗한 찬양이 나오기를 기대하기는 어렵습니다.
> 당신의 말과 행동이 찬양하는 사람으로서의 자격을 유지할 수 있기를 바랍니다.

말씀 묵상과 적용의 생활화

찬송: 382장
본문: 시편 1:1-6
요절: 시편 1:3

¹복 있는 사람은 악인의 꾀를 좇지 아니하며 죄인의 길에 서지 아니하며 오만한 자의 자리에 앉지 아니하고 ²오직 여호와의 율법을 즐거워하여 그 율법을 주야로 묵상하는 자로다 ³**저는 시냇가에 심은 나무가 시절을 좇아 과실을 맺으며 그 잎사귀가 마르지 아니함 같으니 그 행사가 다 형통하리로다** ⁴악인은 그렇지 않음이여 오직 바람에 나는 겨와 같도다 ⁵그러므로 악인이 심판을 견디지 못하며 죄인이 의인의 회중에 들지 못하리로다 ⁶대저 의인의 길은 여호와께서 인정하시나 악인의 길은 망하리로다

◎ 다음 몇 가지 질문에 관해 의견을 나눠 봅시다.

1) 그리스도인을 한 마디로 규정짓는다면 여러분은 어떻게 말씀하시겠습니까?

2) 그룹 구성원들 가운데 매일 개인적으로 말씀을 읽고, 기도하는 시간을 갖고 있는 사람은 대략 몇 명입니까?

> **관찰을 위한 도움글**
>
> 아마 우리 가운데는 Q.T라는 말을 많이 듣기는 했지만, 그것이 무엇이며 어떻게 하는 것인지 잘 모르는 사람이 있을 것입니다. Q.T는 'Quiet Time'의 약자로, 우리말로는 '경건의 시간'이라고 표현됩니다. 이 시간은 문자 그대로 조용하고, 경건한 마음으로 하나님과의 만남을 갖는 시간입니다. 그 방법이 말씀과 기도인 것입니다. 성숙한 교제를 위해서는 자주 만나야 합니다. 개인적으로 매일 시간을 정해 하나님의 말씀을 읽고, 묵상하고 자신의 삶에 적용하는 시간을 갖는 것은 성숙한 그리스도인이 되기 위해서는 아주 중요한 일입니다.

I. 본문 속으로

'복'이란 단어는 우리에게 아주 익숙한 단어입니다. 본문에서는 어떤 것이 복있는 자의 특징이라고 말씀하고 있습니까?(2절)

우리 민족은 '복'(福)이란 말을 아주 좋아하고 즐겨 씁니다. 그러나 그 의미는 대부분 돈을 많이 번다든지, 직장에서 승진한다든지, 유명해진다든지, 오래 산다든지 등의 실리적인 측면과 관계되어 있는 것이 사실입니다. 본문은 복있는 자의 근본적인 특징에 대해 분명하게 지적하고 있습니다. 그것은 말씀을 주야로 묵상하는 자라는 것입니다.

> "복되어라 … 야훼께서 주신 법을 낙으로 삼아 밤낮으로 그 법을 되새기는 사람"(공동번역)

오늘은 말씀 묵상을 중심으로 한 Q.T에 대해 배우도록 합니다.

II. 배우기

현대인들의 생활은 무척 바쁘고 복잡합니다. 아침 일찍부터 밤 늦게까지 분주하게 살아야 하고, 늘 '바쁘다'라는 말을 입에 붙이고 살아야 합니다. 이런 일과는 예수님도 마찬가지셨습니다. 그러나 예수님께는 분명한 우선순위가 있었습니다. 그것이 무엇입니까?

예수의 소문이 더욱 퍼지매 허다한 무리가 말씀도 듣고 자기 병도 나음을 얻고자 하여 모여 오되 예수는 물러가사 한적한 곳에서 (　　　　　) (눅 5:15-16)

새벽 오히려 미명에 예수께서 일어나 나가 한적한 곳으로 가사 거기서 (　　　　　) (막 1:35)

그리스도인이란 그리스도의 뜻대로 살아가는 사람입니다. 그런데 그리스도의 뜻대로 살아가기 위해서는 우선 '그 뜻'이 무엇인지 알아야 한다는 것이고, 그 뜻을 따라서 살아가고자 하는 마음이 있어야 한다는 것입니다. 그래서 필요한 것이 '만남'입니다. 예수님은 바쁜 일과 가운데서도 하나님과의 대화의 시간, 만남의 시간을 생활의 우선순위로 두셨습니다. 이런 의미에서 Q.T는 예수님께서 가장 먼저 시작하신 것입니다.

매일 말씀을 묵상하고 적용하고 기도하는 습관을 가진다면 내게 어떤 유익이 있으리라 생각하십니까? 도움 성구를 읽고 이야기를 나누어 봅시다.

〈도움 성구〉
시 119:11 내가 주께 범죄치 아니하려 하여 주의 말씀을 내 마음에 두었나이다
롬 12:2 너희는 이 세대를 본받지 말고 오직 마음을 새롭게 함으로 변화

> 를 받아 하나님의 선하시고 기뻐하시고 온전하신 뜻이 무엇인지 분별하도록 하라
> 엡 4:13 우리가 다 하나님의 아들을 믿는 것과 아는 일에 하나가 되어 온전한 사람을 이루어 그리스도의 장성한 분량이 충만한 데까지 이르리니
> 벧전 1:15 오직 너희를 부르신 거룩한 자처럼 너희도 모든 행실에 거룩한 자가 되라

Q.T는 어떤 방법으로 진행해야 하는 것입니까?

1) 기도: 말씀의 해석자가 되시는 성령께서 말씀을 이해하고 적용하는 과정에 도움을 주실 수 있도록 기도합니다. 찬양으로 먼저 마음을 여는 것도 좋습니다.

2) 관찰(읽기): 본문을 반복해서 읽습니다. 어떤 내용의 말씀인지를 육하원칙에 따라 분명하게 이해하기 위해 노력합니다. 모르는 단어의 뜻을 이해하고, 배경에 대해 공부하는 과정이 병행되면 더욱 좋습니다.

3) 묵상: 본문의 말씀을 이해하고 나면, 이 말씀을 통해서 하나님께서 나에게 들려주시는 말씀이 무엇인지를 조용히 생각합니다. 이 묵상의 과정은 자기 자신이 직접 하나님의 음성을 듣는 시간입니다. 다음의 질문에 관심을 기울이십시오.

① 하나님은 어떤 분이십니까?

② 내가 피해야 할 또는 회개해야 할 죄는 무엇입니까?

③ 하나님께서 나를 향해 요구하시는 명령은 무엇입니까?

4) 적용: 묵상한 말씀을 자신의 삶에 구체적으로 적용하는 것입니다. 적용이 구체적이지 못한 말씀 묵상은 열매 맺지 못합니다. 하나님은 말씀이 나의 생각 뿐만 아니라 나의 실제 삶을 변화시키길 원하십니다.

> 적용의 3대 요소는 개인적(Personal), 구체적(Practical), 가능한 일(Possible)입니다. 두루뭉실하게 일반적인 원칙을 제시하는 것은 좋은 적용이 아닙니다. 또 지키지 못할 허황된 계획을 세우는 것도 옳지 못합니다. Q.T는 매일 이루어지는 것입니다. 따라서 적용과 실천 또한 하루 단위로 실천되고, 점검될 수 있는 것이 좋습니다. 이런 작은 실천들이 말씀을 우리 생활 가운데 스며들게 해 줍니다.

5) 나눔: 체험된 말씀을 서로 나누며, 서로 점검하고 격려하게 되면 Q.T 습관을 들이는데도, Q.T의 능력을 경험하는 데도 많은 도움이 됩니다. 그룹은 이런 나눔의 좋은 토양이 될 수 있습니다. 단, 서로 열린 마음으로 자신을 공개하고, 그 자리에서 나눈 이야기는 절대로 다른 곳에서 이야기하지 않는 등 서로에 대한 신뢰가 절대적으로 필요합니다.

6) 기도: 깨닫고, 나눈 이야기들이 우리 삶 속에서 성숙한 그리스도인의 열매를 맺을 수 있도록 성령의 도우심을 구하는 기도를 드리십시오. 서로를 위한 중보기도의 시간을 갖는 것도 좋습니다.

Ⅲ. 적용하기

1. 우리 가운데 Q.T를 하고 있는 성도가 있으면 그 유익에 대한 이야기를 들어봅시다.
   _____
   _____

2. 묵상을 위해 다음의 조건들을 정해 봅시다.

   1) 일정한 시간과 장소
      – 내게 가장 효과적이고 현실적인 묵상의 시간과 장소는 어디입니까?

      · 시간 : _____   · 장소 : _____

   2) 내가 매일 Q.T 하는 것을 방해하는 요소에는 어떤 것들이 있습니까?
      _____

   3) 어떤 본문을 읽을 것인가?
      매일매일 임의로 본문을 정하는 방법과 성경을 통독하면서 차례로 묵상해 나가는 방법이 있습니다. 처음 묵상을 시작하는 경우에는 Q.T를 위한 잡지들에 제시된 본문들의 순서에 따라서 진행하는 것이 바람직합니다. 이 경우 단어 정리나 도움말을 통해 훈련이 될 때까지 안정적으로 묵상을 진행할 수 있으며, 적용을 위한 질문들을 통한 도움을 받으실 수도 있습니다. 가능하면 약 1-2년 동안 정기구독 하는 것이 좋습니다.

3. 하나님과의 약속

– 나는 매일 묵상을 하고자 하는 마음이 있습니까? 내 삶의 우선순위에 대해 다시 한 번 생각해 봅시다. 그리고 마음의 결단이 내려지고, 방법이 결정되면 다음의 서약을 합니다.

서 약 서

나는 이제부터 하나님의 말씀을 묵상하고 삶에 적용하는 일을 내 생활의 우선순위로 알고, 스스로 약속한 시간과 장소를 지켜 하나님과 교제하는 일에 최선을 다할 것을 서약합니다.

큐티 시간 (　　　　　) / 큐티 장소 (　　　　　　　)

　　　　　　　　　　년　　　월　　　일

서약자 :　　　　　　　　　(서명)

> **적용을 위한 도움 글**

효과적인 묵상 10계명

1. 묵상은 경건의 좋은 습관을 가지는 것이다.
   규칙적이고 정기적인 묵상 시간을 가져야 합니다.
2. 좋은 습관은 자기 결단에서부터 시작된다.
   시간과 장소, 분위기를 만드는 노력, 방해되는 주변의 요소들을 제거해야 합니다.
3. 묵상은 하루 아침에 이뤄지지 않는다.
   성실하게 인내를 가지고 날마다 하나님 앞에 나아간다는 마음 자세가 필요합니다.
4. 묵상은 방법보다 습관의 문제이다.
   말씀 묵상을 위한 열정과 끈기가 방법보다 우선시 되어야 합니다.
5. 본문을 정확하게 관찰해야 한다.
   정확한 관찰과 해석을 통해 정확하게 적용할 수 있습니다.
6. 묵상의 중심은 내가 아니라 하나님이시다.
   말씀을 자신의 생활을 합리화시키는 도구로 전락시키지 말아야 합니다.
7. 귀납적으로 묵상하라.
   본문을 정확하게 이해하기 위해, 육하원칙에 따라 내용을 정리하십시오. 특히 '왜'라는 질문을 빠뜨리지 마십시오.
8. 적용은 삶의 실천이다.
   말씀을 적용할 때는 대상은 '나 자신'이며 시기적으로 지금 당장 실천해야 합니다.
9. 경건을 위한 시간 관리에 충실하라.
   삶의 우선순위를 정하고 시간 관리를 체계적으로 해야 합니다.
10. 묵상훈련 프로그램에 참여하라.
    묵상에 관련된 책을 읽고 묵상훈련에 참가하는 것이 좋습니다.

  – 「경건에 이르는 연습」(도서출판 프리셉트) 인용

성도의 교제

찬 송: 524, 525장
본 문: 사도행전 2:42-47
요 절: 사도행전 2:42

⁴²**저희가 사도의 가르침을 받아 서로 교제하며 떡을 떼며 기도하기를 전혀 힘쓰니라** ⁴³사람마다 두려워하는데 사도들로 인하여 기사와 표적이 많이 나타나니 ⁴⁴믿는 사람이 다 함께 있어 모든 물건을 서로 통용하고 ⁴⁵또 재산과 소유를 팔아 각 사람의 필요를 따라 나눠 주고 ⁴⁶날마다 마음을 같이하여 성전에 모이기를 힘쓰고 집에서 떡을 떼며 기쁨과 순전한 마음으로 음식을 먹고 ⁴⁷하나님을 찬미하며 또 온 백성에게 칭송을 받으니 주께서 구원받는 사람을 날마다 더하게 하시니라

◎ 다음 몇 가지 질문에 관해 의견을 나눠 봅시다.

1) 여러분은 마음을 열어 놓고 자신의 모든 문제를 의논할 수 있는 신앙의 친구가 있습니까?

2) 여러분은 우리 교회가 사랑이 있는 교회라고 생각하십니까? 사랑이 결핍된 교회라고 생각하십니까? 그 이유는 무엇입니까?

> **관찰을 위한 도움 글**
>
> '교제(交際)'란 사전적으로 '(어떤 사람이 누구와) 계속 만나면서 서로 사귀는 것'입니다. 교회를 흔히 사랑의 공동체라고 말합니다. 예수 그리스도의 십자가 아래서 한 형제요, 자매된 사람들의 모임이라는 이야기도 많이 합니다. 주일 예배를 포함한 여러 예배를 통해, 소그룹 모임이나 선교회를 통해, 여러 프로그램 등을 통해서 교인들은 자주 만나고 함께 생활합니다. 그러나 실제 우리들의 모습을 보면 한 교회에 몸 담고 있으면서도 서로에 대해서 잘 알지 못할 뿐 아니라, 오히려 서로에 대한 오해와 갈등이 하나님과의 관계를 방해하기도 합니다. 특별히 현대사회의 개인주의적인 성격 속에서 이러한 현상은 가속화되고 있는 추세입니다. 초대교회로부터 교회의 중요한 기능으로는 '케리그마'(복음선포), '디다케'(교육), '디아코니아'(봉사), 코이노니아(교제)의 네 가지로 나누어 생각할 수 있습니다. 과연 어떠한 것이 성도의 바람직한 교제일까요? 오늘은 이것에 관해 생각을 나눠 보도록 합니다.

I. 본문 속으로

본문은 초대교회 성도들의 생활상을 우리에게 보여 주고 있습니다. 그들의 교제하는 모습은 어떠했습니까?(44-46절)
 1) 믿는 사람이 다 함께 있어 물건을 서로 (   ) 하고,
 2) 재산을 팔아 각 사람의 필요를 따라 (   ),
 3) 날마다 (   )을 같이하여 성전에 (   )를 힘쓰고, 집에서 떡을 (   )

또, 그 교제의 결과는 무엇이었습니까?(47절)
 (   )

그들은 둔자 그대로 예수 그리스도 안에서 하나된 생활을 했습니다. 필요에 따라 재산을 나눠쓸 만큼 '내 것'의 의미보다는 '우리의 것'이라는 의미가 강했습니다. 성전에 모여서 함께 기도했고, 집에서는 떡을 떼며 식탁교제를 나누었습니다. 그 결과 47절은 그들의 생활 태도가 사람들로부터 칭찬을 받았고, 그 결과 교회가 확장되었음을 지적하고 있습니다. 사랑의 나눔이 선교적인 영향력으로 나타는 것입니다.

해석을 위한 도움 글

초대교회의 예배와 생활은 '말씀의 예전'과 '다락방의 예전'으로 나누어졌습니다. 말씀의 예전은 하나님의 말씀을 봉독하고 교훈 즉, 설교를 듣는 예배였고, 이어서 행해진 다락방의 예전은 성만찬 예식이었습니다. 그들은 거기서 그리스도의 살로 상징되는 떡을 떼었고, 그리스도의 피를 상징하는 포도주를 나누어 마셨습니다.

이 예배가 모두 끝나면 그들은 준비해 온 음식을 나누는 식탁교제를 가졌습니다. 이것이 오늘날 우리가 애찬(agape meal)이라고 부르는 예식입니다. 예수 그리스도의 살과 피를 나누어 먹고 예수 그리스도의 이름으로 하나가 된 사람들이, 서로 음식을 나누어 먹고 하나된 삶을 결단한 것입니다. 이런 의미에서 이들은 '밥상 공동체'였습니다.

Ⅱ. 배우기

그렇다면 왜 우리 그리스도인들은 서로 하나가 되어 마음을 나누고 삶을 나누는 교제를 귀하게 여겨야 할까요? 몇 가지 성서적인 근거들을 살펴보겠습니다.

1. 우리는 한 분이신 하나님의 자녀들입니다.

성경은 우리가 믿는 하나님은 한 분이시고, 예수 그리스도도 언제나 동일하신 한 분이시고, 성령도 한 분이라고 증언합니다. 따라서 동일하신 삼위일체 하나님을 아버지로 부르며, 그 자녀로 거듭난 삶을 살아가는 우리 모두는 예수 그리스도 안에서 형제, 자매와 같습니다.

> 너희가 부르심을 입은 부름에 합당하게 행하여 모든 겸손과 온유로 하고 오래 참음으로 사랑 가운데서 서로 용납하고 평안의 매는 줄로 성령의 (　　　　　)을 힘써 지키라. 몸이 하나이요 (　　　　)이 하나이니 이와 같이 너희가 부르심의 한 소망 안에서 부르심을 입었느니라. 주도 하나이요 믿음도 하나이요 세례도 하나이요 (　　　)도 하나이시니 곧 만유의 아버지시라 만유 위에 계시고 만유를 통일하시고 만유 가운데 계시도다(엡 4:2-6)

2. 예수께서 우리를 하나되게 하셨습니다.

성경은 예수 그리스도께서 십자가 위의 사역을 통하여 우리를 하나되게 하셨음을 증거합니다. 예수 그리스도께서는 우리의 하나됨을 위해 기도하셨습니다.

> 이제는 전에 멀리 있던 너희가 그리스도 예수 안에서 (　　　　) 로 가까와졌느니라 그는 우리의 화평이신지라 둘로 (　　　　) 중간에 막힌 담을 허시고(엡 2:13-14)

> 아버지여 내게 주신 아버지의 이름으로 저희를 보전하사 우리와 같이 저희도 (　　　　) 하옵소서(요 17:11)

3. 우리는 그리스도의 몸된 교회를 이루는 지체들입니다.

성경은 모든 그리스도인들이 한 몸의 지체와 같다고 말합니다. 모두 다른 모습으로, 다른 역할을 수행하면서 한 몸을 이루고 있습니다. 통일성 속의 다양성, 다양성 가운데 통일성이라 할 수 있지요.

너희는 그리스도의 (   )이요 지체의 각 부분이라(고전 12:27)

너희도 성령 안에서 하나님의 거하실 처소가 되기 위하여 예수 안에서 (   ) (엡 2:22)

4. 서로 사랑하는 것은 하나님 사랑의 자연스런 결과입니다.

그리스도인들에게 요구되는 여러 가지 덕목 가운데 가장 중요한 것이라고 하면 '사랑'일 것입니다. 성경은 우리가 서로 사랑하며 살아야 함을 가르쳐 주고 있으며, 나아가 서로 사랑하지 않으면 하나님을 알지 못한다고 말씀하고 계십니다.

새 계명을 너희에게 주노니 (   ) 내가 너희를 사랑한 것같이 너희도 서로 사랑하라(요 13:34)

사랑하는 자들아 우리가 서로 (   )하자 사랑은 하나님께 속한 것이니 사랑하는 자마다 하나님께로 나서 하나님을 알고 (   )는 하나님을 알지 못하나니 이는 하나님은 사랑이심이라(요일 4:7-8)

5. 사랑의 교제를 통해 서로의 성장을 도울 수 있습니다.

서로 돌아보아 사랑과 선행을 (   ) 모이기를 폐하는 어떤 사람들의 습관과 같이 하지 말고 오직 권하여 그 날이 가까움을 볼수록 더욱 그리하자(히 10:24-25)

무디 목사는 교회에 나오지 않아도 신앙 생활을 할 수 있지 않느냐는 어떤 한 청년의 질문을 받고 불타고 있는 난로에서 석탄을 하나 꺼냈다고 합니다. 물론 잘 타고 있던 석탄이었지만 따로 꺼내놓으니 금방 꺼져버리고 말았습니다. 그것을 본 청년은 그 이치를 깨닫고 돌아가 열심히 교회 모임에 참석했다고 합니다.

그렇다면 우리가 교회 안에서 서로 교제하는데 있어서 방해가 되는 요소에는 어떤 것들이 있을까요? 한 마디로 말하면 다른 사람이 자기와 다를 수 있다는 사실을 겸손하게 인정하지 못하는 것입니다.

1) 서로의 은사와 사명이 다름을 인정하지 못하는 것입니다.
성경은 동일한 성령이 우리에게 각기 다른 은사를 주신다고 합니다(고전 12:4-11). 그 은사는 각기 다른 사명으로 이어집니다.

2) 서로의 기질이 다름을 인정하지 못하는 것입니다.
사람마다 각기 다른 성장 배경이 있고, 각기 다른 성격이 있습니다. 이것은 일차적으로 장, 단점의 문제가 아니라 개성의 문제입니다.

3) 서로의 믿음의 분량이 다름을 인정하지 못하는 것입니다.
사람마다 교회에 나온 시기가 다르고, 신앙의 성숙도가 다릅니다. 믿음이 성숙한 사람들은 그렇지 못한 사람들이 자기 때문에 시험에 들지 않도록 항상 모범을 보이며 도와주어야 합니다(롬 14:1).

나는 이런 부분들 때문에 다른 사람들을 정죄하고, 다른 사람들을 무시하고, 다른 사람들에게 마음을 열고 다가서지 못한 경험이 있습니까? _____

Ⅲ. 적용하기

1. 우리 공동체는 서로의 장점에 대해 칭찬만 줄 수 있는 수준에 머물러 있습니까? 아니면 사랑으로 권면하고 나무랄 수 있는 수준까지 나아간 공동체입니까?
_____
_____

2. 내가 우리 공동체와 교회를 사랑이 넘치는 곳으로 변화시키기 위해 할 수 있는 작은 일에는 어떤 일이 있을까요?

_____

_____

> **적용을 위한 도움글**
>
> ### 직고(直告, accountability)
>
> '직고'란 그룹원들이 상호간에 직접 체험을 고백하며 중보기도를 하는 제도로서 감리교회 속회제도에서 유래되었습니다.
>
> 전통적인 영성 훈련과 제자 훈련 제도였던 직고의 목적은 직고를 통한 공동의 성화를 이루는 것입니다. 그룹이라는 영성 훈련의 장을 통하여 신자들을 제자화시킴으로 신자간에 상호 돌봄과 신뢰, 그리고 사랑을 실천하게 할 뿐만 아니라, 사회에 대한 책임 있고 모범적인 신앙인으로 살아가도록 지도하는 것입니다.
>
> 이는 그룹 안에서 서로 자신의 잘잘못을 솔직하게 고백하고 지도자의 교훈을 받음으로
> ① 고백의 훈련을 하게 하고
> ② 영적 지도를 받게 하며
> ③ 제자 훈련으로 그룹원을 양육하는 기능을 가지고 있습니다.
>
> 또한 이러한 기능들로 인하여 직고가 그룹원에 미치는 공헌은
> ① 신자간에 초대교회적인 성도의 교제(형제애)를 나누게 하며
> ② 신자로 하여금 개인적 성화에서 사회적 성화로 나아가게 하고
> ③ 속회가 평신도 지도자를 길러내는 장(場)이 되게 하였습니다.

Ubi caritas et amor, Ubi caritas Deus ibi est.
(사랑의 나눔 있는 곳에 하나님께서 계시도다)

성경적인 재물관과 헌금

찬송: 382장
본문: 창세기 14:14-24
요절: 창세기 14:20

¹⁴아브람이 그 조카의 사로잡혔음을 듣고 집에서 길리고 연습한 자 삼백십팔 인을 거느리고 단까지 쫓아가서 ¹⁵그 가신을 나누어 밤을 타서 그들을 쳐서 파하고 다메섹 좌편 호바까지 쫓아가서 ¹⁶모든 빼앗겼던 재물과 자기 조카 롯과 그 재물과 또 부녀와 인민을 다 찾아왔더라 ¹⁷아브람이 그돌라오멜과 그와 함께 한 왕들을 파하고 돌아올 때에 소돔 왕이 사웨 골짜기 곧 왕곡에 나와 그를 영접하였고 ¹⁸살렘 왕 멜기세덱이 떡과 포도주를 가지고 나왔으니 그는 지극히 높으신 하나님의 제사장이었더라 ¹⁹그가 아브람에게 축복하여 가로되 천지의 주재시요 지극히 높으신 하나님이여 아브람에게 복을 주옵소서 ²⁰**너희 대적을 네 손에 붙이신 지극히 높으신 하나님을 찬송할지로다 하매 아브람이 그 얻은 것에서 십분 일을 멜기세덱에게 주었더라** ²¹소돔 왕이 아브람에게 이르되 사람은 내게 보내고 물품은 네가 취하라 ²²아브람이 소돔 왕에게 이르되 천지의 주재시요 지극히 높으신 하나님 여호와께 내가 손을 들어 맹세하노니 ²³네 말이 내가 아브람으로 치부케 하였다 할까 하여 네게 속한 것은 무론 한 실이나 신들메라도 내가 취하지 아니하리라 ²⁴오직 소년들의 먹은 것과 나와 동행한 아넬과 에스골과 마므레의 분깃을 제할지니 그들이 그 분깃을 취할 것이니라

◎ 다음 몇 가지 질문에 관해 의견을 나눠 봅시다.

1) 여러분은 신앙 생활을 하면서 헌금 문제 때문에 시험에 든 적이 있습니까? 있었다면, 어떤 경우였습니까?

―――――――――――――――――――――――――

2) 당신은 지금 정직하고 성실한 방법으로 수입을 얻고 있다고 생각하십니까? 또한 하나님께서 기뻐하시는 원칙에 따라 지출하고 있다고 생각하십니까?

―――――――――――――――――――――――――

관찰을 위한 도움 글

현대 사회에서 돈은 무엇보다 중요한 것입니다. 돈이 없으면 우선 자신이 하고 싶은 일을 마음껏 할 수 없는 불편함이 있습니다. 나아가서 그 사람이 얼마나 가지고 있느냐가 그 사람을 평가하는 척도가 되기도 합니다. 그러다보니 사람들의 생활은 돈에 따라 움직입니다. 경제적인 이익을 얼마나 볼 수 있느냐에 따라 사람들의 생각과 행동이 좌우됩니다. 그런데 예수님은 "너희가 하나님과 재물을 겸하여 섬기지 못하느니라"(마 6:24)고 말씀하셨습니다. 그리고 성경의 많은 부분이 돈, 재물에 대한 우리의 태도와 연관되어 있습니다. 우리가 올바른 헌금을 드릴 수 없는 것도 올바른 재물관을 소유하지 못하고 있기 때문입니다.

리차드 포스터는 그의 책 '돈, 섹스, 권력'에서 돈이 가지고 있는 신성(神性) 즉, 우상성에 대해 이야기합니다. 그에 따르면 돈이 삶의 가장 높은 가치를 차지하고 있는 사람은 바로 부(富)의 신, 맘몬(Mammon)을 섬기고 있는 것입니다. 이런 사람은 하나님을 올바르게 섬길 수 없습니다.

7과 성경적인 재물관과 헌금

I. 본문 속으로

본문은 우리가 그리스도인의 당연한 의무로 알고 있는 '십일조'가 성경에 처음 등장하는 이야기입니다. 사건의 줄거리는 대략 이렇습니다.

아브라함의 조카 롯이 살고 있던 소돔에 전쟁이 일어났고, 소돔성을 중심으로 한 연합군이 패배하게 됩니다. 이 소식을 전해들은 아브라함은 자신이 훈련시켜오던 318명만을 데리고 적진에 침투하여 승리를 거두고 롯을 포함한 모든 사람들과 재물을 되찾아옵니다. 이때 살렘 왕이자 제사장인 멜기세덱이 아브라함 앞에 나타나 이 전쟁의 승리가 하나님으로 말미암아 이루어졌음을 선포하며 하나님을 찬양하고 이에 아브라함이 자신의 전리품 가운데 십분의 일을 멜기세덱에게 줍니다.

이 이야기에서 발견할 수 있는 **헌금의 원리**에는 어떤 것이 있는지 생각해 봅시다. 우리는 십일조를 포함한 헌금에 대해 다음의 교훈을 얻을 수 있습니다.

1) 헌금은 하나님께서 우리에게 베푸신 일에 대한 찬양과 감사를 표현한 것입니다.

    아브라함은 자신의 승리가 하나님께서 허락하신 것이라는 사실을 깨닫게 되었을 때 그 감사의 마음을 십일조로 표현하였습니다.

    너희 대적을 네 손에 붙이신 지극히 높으신 (   )
    하매 아브람이 그 얻은 것에서 십분 일을 멜기세덱에게 주었더라
    (창 14:20)

2) 헌금하는 마음은 자신이 재물에 얽매여 있지 않다는 선언과 연결되어 있습니다.

헌금을 드리고 난 아브라함에게 소돔 왕은 모든 전리품을 가져갈 것을 제안합니다. 그러나 아브라함은 자신이 부자가 되는 것이 소돔 왕 때문이라는 말을 듣고 싶지 않다는 자신의 뜻을 이렇게 표현합니다.

"아브람이 내 덕에 부자가 되었다고 할 속셈이오? 나는 실오라기 하나, 실끈 한 가닥도 당신의 것은 차지하지 않겠소(창 14:30, 공동번역)

십일조를 드리는 마음이 아까웠다면 아브라함은 남은 경제적 이익에 관심이 많았을 것입니다. 그러나 아브라함은 자신이 부자가 되는 것은 하나님으로부터 비롯된다는 믿음을 가지고 있었습니다.

해석을 위한 도움글

아브라함은 인생의 중요한 결정이 있을 때마다 인위적으로 부를 축적하는 것을 거부합니다. 그는 조카 롯에게 좋은 땅을 양보하는 넓은 마음이 있었습니다. 소돔 왕이 주는 재물을 거절할 수 있는 신앙의 자부심도 있었습니다. 반대로 롯을 생각해 보십시오. 그는 아브라함의 제의에 좋은 땅을 쫓아갑니다. 하지만 그는 그 땅의 죄를 볼 수 있는 영적인 안목이 없었습니다. 그래서 좋은 땅을 찾아갔지만 그는 전쟁 포로가 되어 죽을 뻔하고, 나중에는 소돔성 멸망의 비극도 경험하게 됩니다. 오늘 당신의 선택은 어떻습니까?

II. 배우기

성경은 경제적인 부유가 하나님의 축복의 결과임을 말하고 있습니다. 그러나 부유하다고 해서 반드시 축복받았다는 의미는 아닙니다. 오히려 성경은 재물의 축적이 갖는 위험과 재물이 삶의 우선순위를 차지함으로 보다 중요한 것을 잃어버리게 되는 경우를 경계하고 있습니다. 사람은 돈 앞에서 약한 존재이기 때문입니다.

> (   )을 사랑함이 일만 악의 뿌리가 되나니 이것을 사모하는 자들이 미혹을 받아 믿음에서 떠나 많은 근심으로써 자기를 찔렀도다 (딤전 6:10)

우리가 경제적인 문제에 지나치게 얽매이지 않을 수 있는 것은 하나님에 대한 신뢰가 있을 때에 가능해집니다.

> 그러므로 염려하여 이르기를 무엇을 먹을까 무엇을 마실까 무엇을 입을까 하지 말라 이는 다 이방인들이 구하는 것이라 너희 천부께서 이 모든 것이 너희에게 (   ) (마 6:31-32)

> 나의 하나님이 그리스도 예수 안에서 영광 가운데 그 풍성한 대로 너희 (   )을 채우시리라 (빌 4:19)

성경은 돈의 사용이 중요함을 말씀하고 계십니다. 예수님은 어리석은 부자의 비유를 말씀하시면서 이런 결론을 맺으셨습니다.

> 자기를 위하여 재물을 쌓아 두고 (   ) 부요치 못한 자가 이와 같으니라 (눅 12:21)

따라서 우리의 재물은 하나님의 일에 사용되어야 합니다.

> 오직 너희를 위하여 보물을 (   ) 저기는 좀이나 동록이 해하지 못하며 도적이 구멍을 뚫지도 못하고 도적질도 못하느니라 (마 6:20)

그렇다면 우리의 <u>헌금하는 태도</u>는 어떠해야 합니까?

1) 하나님께서 우리를 위해 하신 일에 대한 감사가 드림의 동기가 되어야 합니다.

   아브라함의 이야기를 다시 기억하십시오.

2) 마음에 정한대로 기쁘게 드려야 합니다.

각각 그 마음에 정한 대로 할 것이요 (   ) 하지
말지니 하나님은 (   )를 사랑하시느니라 (고후 9:7)

3) 사람의 눈을 의식해서는 안됩니다.

(   ) 그들 앞에서 너희 의를 행치 않도록 주의하라
그렇지 아니하면 하늘에 계신 너희 아버지께 상을 얻지 못하느니라
(마 6:1)

4) 최선을 다해서 드려야 합니다.

이는 우리 물질 사용의 우선순위가 자신의 필요가 아니라 하나님께
있음을 의미합니다. 우리는 하나님의 물질의 청지기이기 때문입니다.

네가 이 세대에 부한 자들을 명하여 마음을 높이지 말고 (
)에 소망을 두지 말고 오직 우리에게 모든 것을
후히 주사 누리게 하시는 (   )께 두며 선한 일을 행하고
선한 사업에 부하고 나눠주기를 좋아하며 동정하는 자가 되게 하라
이것이 장래에 자기를 위하여 좋은 터를 쌓아 참된 생명을 취하는
것이니라(딤전 6:17-19)

5) 헌금의 많고 적음은, 헌금을 드리고 내게 남아 있는 양으로 결정
됩니다.

가난한 과부의 적은 헌금이 부자의 많은 헌금보다 많다는 의미
가 여기에 있습니다.

저희는 다 그 풍족한 중에서 넣었거니와 이 과부는 그 구차한 중에서
자기 (   ) 곧 생활비 전부를 넣었느니라 하셨더라(막 12:44)

III. 적용하기

1. 마틴 루터는 이런 말을 했습니다. "사람에게는 세 가지 회심이 필요하다. 가슴의 회심, 정신의 회심, 그리고 지갑의 회심이다." 당신은 지갑의 회심을 이루었습니까?

   _____

2. 존 웨슬리는 그리스도인의 재물관에 대해 이렇게 말했습니다. "할 수 있는 대로 벌라, 할 수 있는 대로 저축하라, 할 수 있는 대로 주라."(Earn as you can, Save as you can, Give as you can) 당신은 이 세 과정에 대해 모두 자신이 있습니까?

   _____

3. 오늘 공부한 말씀들을 통해 나의 재물관, 헌금에 대한 이해에는 어떤 점이 잘못되어 있었는지 서로 나누어 보십시오.

   _____
   _____

적용을 위한 도움 글

예배를 드리는 중 헌금 시간이 되었습니다. 젊은 새댁은 1,000원을 헌금할 생각이었습니다. 그러나 아무리 되풀이해서 나어보아도 계속해서 5,000원 짜리만 나와서 고민이 되었습니다.

그렇다고 해서 들어내놓고 찾기에는 너무나 많은 눈과 예배드리는 중이라는 점이 마음이 걸렸습니다. 헌금 주머니가 앞에 왔을 때 마지막으로 꺼낸 것은 5,000원짜리이고 그래서 그 새댁은 하는 수 없이 생각지도 않은 헌금을 하고 말았습니다.

그 새댁은 예배를 드리고 나와서 어떤 권사님께 이 일을 무용담 삼아 이야기했습니다. 이때 그 권사님께서는 이렇게 다답하셨습니다.

"새댁 걱정하지 말아요. 하나님께서는 1,000원으로 받으셨음이 확실합니다."

8 발을 씻기는 섬김

찬송 : 505, 507장
본문 : 요한복음 13:3-15
요절 : 요한복음 13:14

³저녁 먹는 중 예수는 아버지께서 모든 것을 자기 손에 맡기신 것과 또 자기가 하나님께로부터 오셨다가 하나님께로 돌아가실 것을 아시고 ⁴저녁 잡수시던 자리에서 일어나 겉옷을 벗고 수건을 가져다가 허리에 두르시고 ⁵이에 대야에 물을 담아 제자들의 발을 씻기시고 그 두르신 수건으로 씻기를 시작하여 ⁶시몬 베드로에게 이르시니 가로되 주여 주께서 내 발을 씻기시나이까 ⁷예수께서 대답하여 가라사대 나의 하는 것을 네가 이제는 알지 못하나 이후에는 알리라 ⁸베드로가 가로되 내 발을 절대로 씻기지 못하시리이다 예수께서 대답하시되 내가 너를 씻기지 아니하면 네가 나와 상관이 없느니라 ⁹시몬 베드로가 가로되 주여 내 발뿐 아니라 손과 머리도 씻겨 주옵소서 ¹⁰예수께서 가라사대 이미 목욕한 자는 발밖에 씻을 필요가 없느니라 온 몸이 깨끗하니라 너희가 깨끗하나 다는 아니니라 하시니 ¹¹이는 자기를 팔 자가 누구인지 아심이라 그러므로 다는 깨끗지 아니하다 하시니라 ¹²저희 발을 씻기신 후에 옷을 입으시고 다시 앉아 저희에게 이르시되 내가 너희에게 행한 것을 너희가 아느냐 ¹³너희가 나를 선생이라 또는 주라 하니 너희 말이 옳도다 내가 그러하다 **¹⁴내가 주와 또는 선생이 되어 너희 발을 씻겼으니 너희도 서로 발을 씻기는 것이 옳으니라** ¹⁵내가 너희에게 행한 것같이 너희도 행하게 하려 하여 본을 보였노라

◎ 다음 몇 가지 질문에 관해 의견을 나눠 봅시다.

1) 여러분은 교회 안팎에서 어떤 일로 섬기고 있습니까? 그 일을 감당하는 것이 즐겁습니까? 왜 그렇습니까?

___

2) 교회에서 봉사하는 일이 사례비를 받지 않는 일이라고 해서 다소 억울하게 생각해 본 적은 없습니까?

___

관찰을 위한 도움 글

어떤 교회든 크고 작은 많은 일들이 있습니다. 교회 안을 청소하고 관리하는 일에서부터, 교회 밖의 가난한 사람들의 필요를 공급해 주는 일까지…. 대부분의 경우 이런 일들은 성도들의 봉사로 이루어집니다. 사회적으로 보면 모든 성도들은 교회와 사회에 대해 자원봉사자인 셈입니다. 이런 의미에서 교회는 섬김이 없으면 유지 자체가 어렵습니다. 그리고 세상에 대한 교회의 섬김이 없다면 교회는 세상에 대한 선교적 영향력을 상실하고 말 것입니다. 이렇듯 섬김은 교회가 교회되게 하는데 가장 중요한 요소 중의 하나입니다. 그렇다면 우리는 왜 섬겨야 하고, 어떻게 섬겨야 할까요?

I. 본문 속으로

본문은 우리가 사랑과 섬김을 이야기할 때마다 가장 많이 인용되는 본문입니다. 그리고 실제로 영성 훈련 프로그램이 있을 때마다 우리는 이 본문을 근거로 '세족식'(洗足式)을 실행하면서 우리가 서로 섬기며 살아야 하는 존재라는 사실을 확인하게 됩니다.

앞 페이지 본문을 꼼꼼하게 읽고 다음 질문에 차례로 답하면서 잠시 당시 예수님께서 제자들의 발을 씻기시던 곳을 방문해 봅시다.

1. 예수님께서 제자들의 발을 씻기신 때는 언제입니까? (1, 3절)
   _____

2. 베드로를 중심으로 한 제자들의 반응은 어떠했습니까? 그리고 이에 대한 예수님의 대답은 무엇입니까? (6-8절)
   · 반응 : _____
   · 대답 : _____

3. 예수님께서는 왜 이 일을 행하셨을까요?(14-15절)
   _____

이 본문의 결론은 다음 제시한 본문에서도 확인할 수 있습니다.

> 새 계명을 너희에게 주노니 서로 사랑하라
> (   ) 너희도 서로 사랑하라 너희가 서로
> 사랑하면 이로써 모든 사람이 너희가 내 (   )인줄 알리라
> (요 13:34-35)

예수님의 가르침의 핵심은 바로 섬김과 사랑에 있었습니다.

해석을 위한 도움 글

이 사건은 사순절(Lent) 기간 중 고난주간이라 부르는 주간에 일어난 일입니다. 전통적으로 이 일은 목요일에 일어났다고 전해지고 그 날을 '세족 목요일'(Maundy Thursday)이라고 부릅니다.

중요한 것은 예수님께서는 자신이 죽는다는 사실을 깨달았을 때 더욱 세상에 있는 자기 사람들을 사랑하셨다는 사실입니다. 자신이 죽게

되는 전날 밤, 그는 제자들의 발을 씻기시며 섬김과 사랑을 가르치셨습니다. 그것이 바로 예수님의 사랑이고, 우리가 배워야 하는 사랑입니다.

II. 배우기

1. 왜 섬겨야 합니까?

예수 그리스도께서는 우리가 서로 섬기며 살아가기를 원하십니다. 그는 섬기기 위해 이 땅에 오셨고, 그 섬김을 자신의 죽음으로 실천하셨습니다.

> 인자가 온 것은 (　　)을 받으려 함이 아니라 도리어 (　　　　) 자기 목숨을 많은 사람의 대속물로 주려 함이니라(마 20:28)

예수께서는 섬김을 소중히 여기셨습니다.

> 너희 중에 큰 자는 너희를 (　　　) 자가 되어야 하리라(마 23:11)

2. 누구를 섬겨야 합니까?

일반적인 기준에서 섬김은 어떤 기준에서든 아래에 있는 사람이 윗사람에게 행하는 것입니다. 또, 우리는 본능적으로 그 사람을 도와줄 때 반사이익을 볼 수 있는 사람만을 섬기기 위해 노력합니다. 그러나 예수님의 가르침은 그렇지 않습니다.

> 너희가 너희를 사랑하는 자를 사랑하면 무슨 (　　)이 있으리요 세리도 이같이 아니하느냐(마 5:46)

> **해석을 위한 도움 글**
>
> 누가복음 10:30-37에는 우리가 소위 말하는 '선한 사마리아인의 비유'가 등장합니다. 예수님께서 하나님 사랑과 이웃 사랑이라는 새 계명을 선포하셨을 때 '어떤 사람이 네 이웃이냐?'고 물으셨습니다. 이 비유는 그 질문에 대한 답변입니다.
>
> 여기서 이웃의 자격은 그 사람의 지위나 학식, 소유에 있지 않음이 드러납니다. 이웃은 도움이 필요한 자에게 자비를 베풀어 주는 사람입니다. 예수님께서는 '너도 가서 이와 같이 하라'는 말씀으로 이 이야기를 끝맺으십니다. 그 명령은 우리에게도 해당됩니다. 우리도 도움이 필요한 사람들에게 사랑의 손길을 내밀어 주어야 합니다. 그것이 바로 섬김의 실천입니다.

따라서 우리는 도움이 필요한 모든 사람들을 힘 닿는대로 도와야 합니다.

그러므로 우리는 기회 있는 대로 (　　　　　) 착한 일을 하되 더욱 (　　　　) 에게 할지니라(갈 6:10)

3. 어떻게 섬겨야 합니까?

일단 모든 사랑의 원칙은 진실한 실천에 있어야 한다는 것입니다. 이 말은 우리의 섬김이 인간적인 의를 앞세우고, 어떤 대가를 바라는 마음에서가 아니라 진실한 마음에서 이루어져야 한다는 것과 그 도움이 실질적인 것이 되어야 함을 의미합니다. 도움이 필요한 사람의 필요를 꼼꼼하게 살펴서 도와주어야 합니다.

자녀들아 우리가 말과 혀로만 사랑하지 말고 오직 (　　　　) 과 (　　　　)으로 하자(요일 3:18)

만일 형제나 자매가 헐벗고 일용할 양식이 없는데 너희 중에 누구든지 그에게 이르되 평안히 가라, 더웁게 하라, 배 부르게 하라 하며 그 몸에 (　　　　　) 아니하면 무슨 이익이 있으리요 이와 같이 행함이 없는 믿음은 그 자체가 죽은 것이라(약 2:15-17)

> 섬김은 물질적인 도움만이 아닙니다. 마음을 주는 것입니다. 그리고 하나님께서 주신 자신의 은사를 통해 섬기는 것입니다.
> 이것이 바로 당신이 가진 것이 없어도 섬길 수 있는 이유입니다.

그리고 또한 자신의 의를 내세우지 않는 은밀함이 있어야 합니다.

너는 구제할 때에 오른손의 하는 것을 왼손이 모르게 하여 네 구제함이 (　　　　　) 은밀한 중에 보시는 너의 아버지가 갚으시리라 (마 6:3-4)

섬김에 가장 필요한 태도는 겸손한 태도입니다. 도움을 주는 사람에게 가장 필요한 태도는 입장을 바꿔 생각해보는 역지사지(易地思之)의 태도입니다. 자신이 도움을 받는 사람의 입장이 되어보는 것입니다.

아무 일에든지 다툼이나 허영으로 하지 말고 오직 (　　　　　)으로 각각 자기보다 남을 낫게 여기고 각각 자기 일을 돌아볼 뿐더러 또한 각각 다른 사람들의 일을 돌아보아 나의 기쁨을 충만케 하라(빌 2:3-4)

섬김의 원칙

다음은 청량리에서 어려운 처지에 있는 사람들을 돕고 있는 다일공동체(대표 : 최일도 목사)가 지향하는 섬김의 5대 원칙입니다.
1) 섬김은 대가와 보상을 바라지 않는다.
2) 섬김은 섬김의 대상을 임의로 선정하지 않는다.
3) 섬김은 기분과 변덕에 좌우되지 않는다.
4) 섬김은 말없이 공동체를 세워나간다.
5) 섬김은 결과에 관심을 갖지 않는다.

Ⅲ. 적용하기

1. 다음 두 가지 의견 가운데 당신은 어느 쪽에 찬성하십니까?

   - 교회가 주변 이웃을 도울 때는 이것이 교회에서 돕는 것임을 최대한 밝혀야 한다. 그래야 선교적인 효과를 거둘 수 있다.
   - 교회가 주변 이웃을 도울 때는 가급적 드러나지 않게 해야 한다. 그래야만 예수님의 가르침을 올바르게 실천하는 것이다.

   _____

2. 교회의 직분은 섬기기 위해 있는 것이라고 말합니다. 우리 교회에서 섬김의 도를 실천하고 있는 분들은 어떤 분인지 '칭찬합시다 릴레이'를 해 봅시다.

   - 대상 : _____
   - 이유 : _____

3. 내가 실천할 수 있는 작은 섬김에는 어떤 것이 있을까요? 좋은 생각들을 모아봅시다.

   _____
   _____
   _____

적용을 위한 도움 글

스스로를 '하나님의 손에 쥐어진 몽당연필'에 비유했던 '마더 테레사' 수녀

가난한 사람들 속으로 들어가 그들과 하나로 어우러져 온 세상에 사랑의 메시지를 쓰고 또 쓴 테레사 수녀의 삶은 이제 하나의 전설이 되었습니다. 테레사는 오직 "가장 가난한 사람들 손에서 하나님을 섬겨라"는 하나님의 계시를 실천하는 삶을 살았습니다.

어느 날 테레사 수녀가 한 어린이의 상처를 지극한 정성으로 치료해 주고 있을 때, 인근에 살던 이웃 주민이 물었습니다.

"수녀님, 당신은 당신보다 더 잘 살거나 높은 지위를 가진 사람들이 편안하게 사는 것을 보면 부러운 마음이 안 드시나요? 당신은 평생 이렇게 사는 것에 만족하십니까?"

테레사 수녀는 대답했습니다.

"허리를 굽히고 섬기는 사람에게는 위를 쳐다볼 시간이 없답니다."

하나님의 마음을 전하는 전도

찬송: 268, 271장
본문: 누가복음 15:1-10
요절: 누가복음 15:10

¹모든 세리와 죄인들이 말씀을 들으러 가까이 나아오니 ²바리새인과 서기관들이 원망하여 가로되 이 사람이 죄인을 영접하고 음식을 같이 먹는다 하더라 ³예수께서 저희에게 이 비유로 이르시되 ⁴너희 중에 어느 사람이 양 일백 마리가 있는데 그 중에 하나를 잃으면 아흔아홉 마리를 들에 두고 그 잃은 것을 찾도록 찾아 다니지 아니하느냐 ⁵또 찾은즉 즐거워 어깨에 메고 ⁶집에 와서 그 벗과 이웃을 불러 모으고 말하되 나와 함께 즐기자 나의 잃은 양을 찾았노라 하리라 ⁷내가 너희에게 이르노니 이와 같이 죄인 하나가 회개하면 하늘에서는 회개할 것 없는 의인 아흔아홉을 인하여 기뻐하는 것보다 더하리라 ⁸어느 여자가 열 드라크마가 있는데 하나를 잃으면 등불을 켜고 집을 쓸며 찾도록 부지런히 찾지 아니하겠느냐 ⁹또 찾은즉 벗과 이웃을 불러 모으고 말하되 나와 함께 즐기자 잃은 드라크마를 찾았노라 하리라 **¹⁰내가 너희에게 이르노니 이와 같이 죄인 하나가 회개하면 하나님의 사자들 앞에 기쁨이 되느니라**

◎ 다음 몇 가지 질문에 관해 의견을 나눠 봅시다.

1) '총동원전도주일' 이라는 말을 들을 때 가장 먼저 떠오르는 생각은 부담감입니까? 즐거움입니까? 그 이유는 무엇입니까?

2) 전도는 모든 성도들이 감당해야 하는 '사명' 입니까? 일부의 사람들만이 성공을 거둘 수 있는 '은사' 라고 생각하십니까?

> **관찰을 위한 도움 글**
>
> 거의 모든 성도들에게 전도라는 말은 부담스럽게 느껴집니다. 전도가 모든 그리스도인들이 최선을 다해 감당해야 하는 사명이라는 사실을 부정하는 것은 아니지만, 막상 전도를 하려고 하면 어떻게 시작해야 할지 막막할 때도 있는 것이 사실입니다. 오늘은 우리가 왜 전도해야 하고, 어떻게 전도할 수 있는지에 대해 함께 말씀을 상고해 보고자 합니다.

I. 본문 속으로

오늘 본문은 우리가 흔히 '탕자의 비유' 라고 부르는 이야기의 서두입니다. 본문을 꼼꼼히 읽는 것만으로도 우리가 왜 전도해야 하는지 그 이유를 분명히 알 수 있습니다. 먼저 본문이 놓여 있는 자리, 누가복음 15장의 전체적인 그림을 그려보도록 하겠습니다.

1. 누가복음 15장에는 세 가지 잃어버린 것들이 또 등장합니다. 무엇입니까?
   (   ), (   ), (   )

2. 지금 이 이야기들의 동기가 된 사건은 무엇입니까?(1, 2절)

_____

3. 예수께서 말씀하시고자 했던 이 비유들의 결론은 무엇입니까?(7, 10절)

_____

_____

> **해석을 위한 도움 글**
>
> 당시에는 하나님의 백성들의 자격이 분명했던 것으로 보입니다. 본문의 바리새인, 서기관들 같은 사람들은 자신이 하나님의 백성이 될 자격이 충분하다고 생각했고, 그것은 다른 계층의 사람들과 공유될 필요가 없는 특권이라는 의식을 갖고 있었습니다. 예수께서는 이들의 생각이 잘못되어 있다는 사실을 세 가지 연속된 비유를 통해 설명하고 계십니다. 세 가지 이야기 모두 잃어버린 것이 있고, 그것을 찾는 것이 무엇보다 소중하며, 그것을 찾고 난 후에는 기쁨의 잔치가 벌어진다는 공통점을 가지고 있습니다. 예수께서는 하나님의 마음에서 '잃어버린 사람들'이 얼마나 소중한 지를 일깨워주고자 하신 것입니다.

II. 배우기

1. 전도의 이유

우리가 전도해야 하는 이유는 그것이 하나님의 마음이기 때문입니다. 그리고 또 우리가 전도해야 하는 이유는 누군가 말씀을 증거하는 것이 전도에 없어서는 안되는 과정이기 때문입니다. 다음 말씀을 읽고 생각해 봅시다.

"주님의 이름을 부르는 사람은 누구든지 구원을 얻으리라"는 말씀이 있지 않습니까? 그러나 믿지 않는 분의 이름을 어떻게 부를 수 있겠습니까? 또 듣어보지도 못한 분을 어떻게 믿겠습니까? 말씀을 전해 주는 사람이 없다면 어떻게 들을 수 있겠습니까? 전도자로서 파견받지 않고서 어떻게 전도를 할 수 있겠습니까?

"기쁜 소식을 전하는 이들의 발이 얼마나 아름다운가!"(롬 10:13-15, 공동번역)라는 말이 바로 그 말씀입니다.

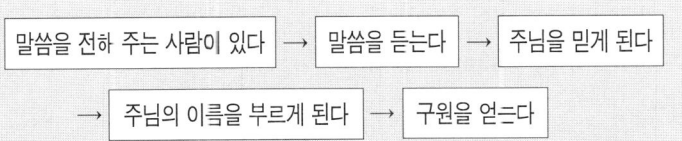

이러한 구원의 과정 속에서 결국 누군가 말씀을 전하는 사람이 있어야만 한 사람의 구원을 위한 과정이 시작됨을 알 수 있습니다. 그런 전도자로서의 사명이 모든 그리스도인들에게 있는 것입니다.

주님은 제자된 우리에게 복음 전파의 사명을 주셨습니다. 특히 이 명령은 예수께서 부활하셔서 승천하시기 직전에 집중되어 있습니다. 그만큼 이 일이 중요했던 것입니다.

또 가라사대 너희는 온 천하에 다니며 만민에게 (　　　)을 전파하라 (막 16:15)

오직 성령이 너희에게 임하시면 너희가 권능을 받고 예루살렘과 온 유대와 사마리아 땅 끝까지 이르러 내 (　　　)이 되리라 하시니라 (행 1:8)

> "전도는 하늘나라 가면 못합니다."
> 전도가 귀한 사명임을 알려 주는 이야기입니다. 우리가 나중에 하늘나라에 가더라도 하나님을 예배하고 찬양하는 일은 끝까지 계속될 것입니다. 그러나 그곳에서 우리는 더 이상 전도의 사명은 감당할 수 없습니다. 전도는 이 땅에서만 감당할 수 있고, 감당해야 할 사명입니다.

2. 전도하는 사람이 갖추어야 하는 자격

지금까지 전도해야 할 이유와 우리가 전도자로 부르심을 입었다는 사실을 살펴보았습니다. 그러면 전도자가 갖추어야 할 덕목은 무엇입니까?

1) 복음을 부끄러워하지 말아야 합니다.

> 누구든지 이 음란하고 죄 많은 세대에서 (   ) 부끄러워하면 인자도 아버지의 영광으로 거룩한 천사들과 함께 올 때에 그 사람을 부끄러워하리라 (막 8:38)
>
> 내가 복음을 (   ) 아니하노니 이 복음은 모든 믿는 자에게 구원을 주시는 하나님의 능력이 됨이라 (롬 1:16)

복음에 대해서 부끄러워하면 그 사람은 전도자로서의 사명을 감당할 수 있는 기본적인 요소를 갖추지 못한 것입니다. 대부분의 경우 복음을 부끄러워하는 것은 복음의 능력을 경험하지 못한 사람에게서 일어날 수 있는 일입니다.

2) 복음을 알고 그것을 설명할 수 있어야 합니다.

어떤 상품을 판매하러 나온 세일즈맨이라면 먼저 그 제품에 대해서 잘 알고 있어야 하고, 잘 설명해 줄 수 있어야 합니다. 때로 고객이 던

지는 날카로운 질문에도 분명하게 대답할 수 있어야 합니다. 하물며 복음을 전하는 사람이 복음의 기본적인 원리를 이해하지 못하고 있어서는 안됩니다. 그리고 그 원리는 성경에 나타나 있습니다.

> 내가 받은 것을 먼저 너희에게 전하였노니 이는 (　　　　) 그리스도께서 우리 죄를 위하여 죽으시고 장사 지낸 바 되었다가 (　　　　) 사흘 만에 다시 살아나사(고전 15:3-4)

복음을 설명하는데 있어서 또한 중요한 것은 자신이 복음의 능력을 어떻게 경험했는가를 간증하는 것입니다. 예수를 만난 사마리아 여인은 동네 사람들에게 이렇게 외쳤습니다.

> 나의 행한 모든 일을 내게 말한 사람을 (　　　　) 이는 그리스도가 아니냐 하니(요 4:29)

3) 사람들과 좋은 관계를 맺어야 합니다.

우리는 복음을 설명할 기회를 얻고, 효과적으로 사람을 복음으로 설득하기 위해서는 평소 사람들과 좋은 관계를 맺어야 합니다.

빌립은 예수 그리스도께서 부르셨을 때 먼저 친구 나다나엘을 찾았습니다.

> 빌립이 나다나엘을 찾아 이르되 모세가 율법에 기록하였고 여러 선지자가 기록한 그이를 우리가 만났으니 요셉의 아들 나사렛 예수니라 나다나엘이 가로되 나사렛에서 무슨 선한 것이 날 수 있느냐 빌립이 가로되 (　　　　) 하니라(요 1:45-46)

특히 삶 속에서 모범을 보이는 것은 최고의 전도 방법이 될 수 있습니다.

> 이같이 너희 빛을 사람 앞에 비취게 하여 저희로 너희 (   )
> 을 보고 하늘에 계신 너희 아버지께 영광을 돌리게 하라(마 5:16)

특히, 최근의 '생활 전도' 또는 '관계 전도'의 이론들은 주변 사람들에게 관심을 가지고 사랑의 관계를 맺는 것이 현대 사회에서 효과적인 전도임을 설명하고 있습니다. 사실 우리들 가운데 대부분은 전혀 모르는 사람들보다도 가까운 친인척들로부터 복음을 듣고 예수 그리스도를 영접한 경험을 갖고 있습니다.

4) 좀더 생각해야 할 것 – 전도의 은사와 역할 분담

어떤 성도는 공원이나 캠퍼스, 단골 미장원 등에서 처음 만난 사람들에게 복음을 직접적으로 설명하여 영접하게 하는 은사를 갖추고 있습니다. 그러나 어떤 성도는 사람들과 좋은 관계를 맺는 은사는 있지만 결정적으로 복음을 설명할 수 있는 능력은 갖추지 못한 사람도 있습니다. 이런 경우 전도는 자신의 은사에 따라 생활 속에서 이루어질 수 있고, 보다 큰 시각에서의 전도는 역할 분담이 필요한 일입니다.

> 그런즉 한 사람이 (   ) 다른 사람이 (   ) 하는 말이 옳도다 내가 너희로 노력지 아니한 것을 거두러 보내었노니 다른 사람들은 노력하였고 너희는 그들의 노력한 것에 참예하였느니라(요 4:37-38)

우리가 자동차를 한 대 사려고 하면 대부분의 경우 며칠에 걸쳐 대리점도 방문하고, 인터넷 자료도 찾아보고, 주변 사람들에게 의견도 묻습니다. 하물며 복음을 영접하는 것은 자신의 삶의 근본적인 문제에 관계된 것이므로 많은 고민을 필요로 합니다. 우리는 복음을 빨리 영접시키려는 욕심에서 그 사람이 충분히 이해하고 스스로 결정할 수 있는 시간을 빼앗으려해서는 안 됩니다.

III. 적용하기

1. 처음 복음을 접하게 된 과정을 떠올려 봅시다. 누구로부터, 어떤 상황에서 복음을 듣게 되었습니까? 그것이 오늘 전도하기 원하는 당신에게 주는 교훈은 무엇입니까?

---

2. 다음 항목들을 점검하면서 내가 전도자로서 어떤 준비가 되어 있는지 살펴봅시다.

- 기회가 주어졌을 때 짤막하게 복음을 설명할 수 있는 사영리, 전도 폭발 등의 훈련 경험이 있습니까? 그렇지 않다면 복음을 다른 사람에게 설명하기 위한 나름대로의 방법을 갖고 있습니까?

- 당신은 자신이 예수를 믿게 된 과정과 그 이후의 변화에 대해 5분 내외로 간증할 수 있는 준비가 되어 있습니까?

- 당신은 믿지 않는 사람들과의 대화를 예수 그리스도를 소개하는 기회로 바꾸려고 노력하는 습관을 가지고 있습니까?

---

3. 당신은 지금 누구를 전도하려고 계획하고 있습니까? 그 전도를 위해 어떤 노력을 하고 있습니까? 서로 이야기를 나눠 봅시다.

> 전도는 거지가 다른 거지에게 빵을 얻어먹을 수 있는
> 장소를 알려 주는 것이다. – 찰스 스펄전

세계를 품는 그리스도인

찬송: 65, 264장
본문: 마태복음 28:16-20
요절: 마태복음 28:19

¹⁶열한 제자가 갈릴리에 가서 예수의 명하시던 산에 이르러 ¹⁷예수를 뵈옵고 경배하나 오히려 의심하는 자도 있더라 ¹⁸예수께서 나아와 일러 가라사대 하늘과 땅의 모든 권세를 내게 주셨으니 ¹⁹**그러므로 너희는 가서 모든 족속으로 제자를 삼아 아버지와 아들과 성령의 이름으로 세례를 주고** ²⁰내가 너희에게 분부한 모든 것을 가르쳐 지키게 하라 볼지어다 내가 세상 끝날까지 너희와 항상 함께 있으리라 하시니라

◎ 다음 몇 가지 질문에 관해 의견을 나눠 봅시다.

1) 여러분의 교회가 국내외에서 어떤 선교 사역을 감당하고 있는지 아는 대로 말해 봅시다.

2) 현재 당신이 직접적으로 돕고 있는 해외 선교사나 교회가 있습니까? 당신은 어떤 마음으로 그곳을 위해 헌신하고 있습니까?

> **관찰을 위한 도움 글**
>
> 한국 개신교회의 역사는 그리 길지 않습니다. 그러나 우리 한국교회는 선교의 열정을 가지고 세계 각국에 선교사를 파송하고 있습니다. 또 여름과 겨울 방학이 되면 많은 교회의 젊은이들이 가슴 속에 선교의 비전을 품고 흔히 비전 트립(vision trip)이라 부르는 단기 선교 여행을 다녀옵니다. 오늘은 해외 선교에 대해서 공부하도록 합니다.

I. 본문 속으로

본문은 마태복음이 증언하는 예수 그리스도의 마지막 말씀입니다. 짤막한 말씀이지만 이 명령은 흔히 '대 위임(The Great Commission)'이라고 불립니다. 이 말씀에는 이후 제자들이 무엇을 위해 살아야 하는지에 대한 궁극적인 비전이 담겨 있습니다.

1. 예수께서 규정하는 제자가 되어야 하는 사람들의 범위는 어떻습니까?(19절)

   _____

2. 예수께서는 그들을 제자로 삼아 어떤 일을 하라고 하셨습니까?(19, 20절)

   _____

3. 이 일을 행하는 사람들에게 예수께서 약속하신 것 두 가지는 무엇입니까?(18, 20절)

   ① _____
   ② _____

> 마가복음 16:15-20, 사도행전 1:6-8, 누가복음 24:45-49.
> 어떤 의미에서 이 본문들은 예수님의 유언이고, 그러기에 모든 그리스도의 제자들이 감당해야 할 가장 중요한 사명을 담고 있습니다. 그 내용을 한 마디로 요약하면 모든 민족을 향한 선교라 할 수 있을 것입니다. 이런 의미에서 예수님의 제자라면 누구나 선교사가 되어야 합니다.

II. 배우기

1. 과연 복음이 모든 족속에게서 전파되어야 하는가?

우리는 성경에서 이스라엘의 하나님을 발견합니다. 특히 구약을 읽을 때 만나게 되는 하나님은 오로지 이스라엘을 위해서만 모든 일을 처리하고 계신 하나님처럼 보입니다. 심지어 예수님 역시 이스라엘이 그의 구원 사역의 우선순위인 것처럼 표현하고 있는 부분이 있습니다(마 15:24 참조). 그러나 비록 유대인이라는 특정한 민족을 택하여 하나님의 말씀을 전파하는 통로로 사용하시기는 했지만, 하나님은 온 인류의 하나님이심을 믿는 것이 건전한 기독교 신앙이라고 규정할 수 있습니다.

> 땅의 모든 끝이 여호와를 기억하고 돌아오며 (   )이 주의 앞에 경배하리니(시 22:27)
>
> 내가 또 너로 이방의 빛을 삼아 나의 구원을 베풀어서 (   ) 이르게 하리라(사 49:6)

성경을 통독하다 보면 세상에 대한 하나님의 관심이 보다 적극적으로 변하는 것을 발견할 수 있습니다. 구약에서의 흐름은 세상의 모든 민족이 하나님께서 택하신 성소로 모여드는 것입니다. 그러나 신약에서 예수님은 그의 제자들이 모든 민족을 향해 땅끝까지 나아가야 함을 말씀하고 있습니다. 모여드는 것을 기다리는 것이 아니라 찾아가는 것입니다. 이것을 선교의 '구심적 방향'에서 '원심적 방향'으로의 전환이라고 말합니다.

구원이 이스라엘 바깥으로 전파되어야 한다는 사실이 성경에서 선포되는 절정에 베드로의 경험이 있습니다. 사도행전 10장에서 베드로는 이방인에게도 복음이 전파되어야 한다는 가르침을 환상과 성령의 음성을 통해 경험합니다. 그전까지 이방인에게 복음전하는 일에 거리낌이 있던 그는 이렇게 고백합니다.

> 이르되 (　　　)으로서 (　　　)을 교제하는 것과 가까이 하는 것이 위법인 줄은 너희도 알거니와 하나님께서 내게 지시하사 아무도 속되다 하거나 깨끗하지 않다 하지 말라 하시기로(행 10:28)

2. 선교의 우선순위

'우리나라에도 아직 비그리스도인들이 너무나 많고, 교회의 도움이 필요한 사람들이 많은데, 교회의 전도와 선교를 위한 자원과 물질들을 우리나라에 먼저 투입되어야 하는 것이 아닌가?'라는 질문은 교회 사역의 우선순위를 정할 때 현실적으로도 많이 대두되는 이야기입니다. 사실 이 질문은 매우 복잡해 보이지만, 한 마디 대답으로 충분할 수 있습니다.

"만일 미국을 비롯한 나라들이 자국의 복음화가 다 이루어지기 전까지 선교하지 않았다면 우리 한국 역시 아직도 한 명의 선교사도 찾아오지 않는 나라였을 것이다."

> 헬라인이나 야만인이나 지혜 있는 자나 어리석은 자에게 다 내가
> (　　　　　)(롬 1:14)

우리는 하나님과 우리에게 복음을 전해준 다른 나라 교회들에 대해

'복음의 빚진 자들'입니다. 그리고 그 빚을 갚는 유일한 방법은 아직도 복음을 모르는 나라에 복음을 전하는 것입니다.

3. 보내는 선교사

모든 사람이 해외에 선교사로 파송된다는 것은 불가능할 뿐만 아니라 불필요한 일입니다. 하나님께서는 모든 성도들이 각자의 삶의 자리에서 소명과 은사에 따라 그리스도의 몸을 세우기를 원하십니다. 그러나 우리 모두는 '보내는 선교사'는 될 수 있습니다. 즉, 선교 사역의 후원자가 되는 것입니다. 여기에는 다음의 사역이 포함될 수 있습니다.

- 선교사나 선교단체의 공식적인 후원자가 되어 일정액의 선교헌금을 지속적으로 보낸다.
- 선교사와 개인적으로 친밀한 관계를 맺어 서신, 이메일 등의 방법으로 교제하면서 선교사가 탈진하지 않고 어려움을 극복할 수 있도록 정신적인 후견인이 되어 준다.
- 선교사 개인이나 사역에 현실적으로 필요한 물품들이 무엇인지 살펴 최대한 보내줄 수 있도록 한다.
- 자신이 알고 있는 혹은 모르고 있는 선교사와 그들의 자녀들을 위해서 계속적으로 중보기도를 한다.

최근에는 인터넷이 세계선교를 위한 최고의 도우미가 되고 있습니다. 인터넷을 이용하면 선교사가 직접 들어갈 수 없는 지역의 주민들에게 복음을 전할 수 있습니다. 또 그 지역에 있는 그리스도인들이 성경공부자료나 사역을 위한 정보들을 효과적으로 얻을 수 있습니다. 예를 들면 세계인터넷선교학회(www.swim.org) 등이 그러한 사역을 감당하는 곳입니다.

4. 알아 두어야 할 용어들

다음의 용어들은 세계선교에 대해 이야기할 때 많이 언급되는 말들입니다.

- 10/40 창문(The 10/40 Window) : 세계 지도상 북위 10도와 40도를 잇는 창문 형태의 직사각형 지역을 말한다. 10/40 창에는 복음을 들어 보지 못한 약 1억 2천-1억 4천의 사람들이 있으며, 세계의 가난과 불우한 지역의 85%와 무슬림, 힌두인, 불교인 중의 95%, 그리고 복음을 들어보지 못한 많은 미전도 종족이 이 지역에 살고 있다.

- 창의적 접근지역(Creative Access Nations) : 법적으로 기독교 복음의 전파가 금지되어 있는 국가들을 의미한다. 크게 공산권, 유대권, 이슬람권 영역으로 이루어져 있으며, 현재 세계 약 1/3의 인구가 이 지역에 속해 있다. 이러한 지역에는 주로 전문인 평신도 선교사들이 파송되어 자비량 사역(tentmaker ministry)를 감당하며 비공식적으로 선교사역을 수행하고 있다.

- MK(Missionary Kids, 선교사 자녀) : 실제 선교사들에게 본인이 겪는 고통보다 더 힘든 문제가 자녀 양육이다. 선교사 자녀들은 낯선 문화에서 정체성의 혼란을 겪고 있으며, 특히 교육에 있어서 많은 어려움을 겪고 있다. 국내에도 이들을 돕기 위한 사역 단체들(www.mknest.org 등)이 있고, 수시로 이들을 위한 캠프를 열고 있다.

> **적용을 위한 도움 글**
>
> 어떤 젊은 청년이 아프리카에 선교사로 자원하여 그 자격을 얻었습니다. 그러나, 정밀신체 검사를 받았을 때 그의 아내가 아프리카의 기후에서 살아갈 수 없다는 사실을 알았습니다. 그는 낙담했지만 곧 이러

한 결심을 했습니다. '내가 버는 돈을 하나님의 나라가 세계에 전파되는데 사용하겠다.' 그의 아버지는 성찬에 사용할 포도를 경작해서 공급하는 일을 하고 있었는데, 후에 그 젊은이는 그 사업을 떠맡아 발전시켰습니다. 그의 이름이 웰치(Welch)였고, 후에 이 기업은 세계적인 포도 주스 생산업체가 되었습니다. 그는 정말로 수십만 달러의 돈을 선교 사업에 쓸 수 있었습니다. 비록 자신이 직접 선교사로 가려던 꿈은 좌절되었지만 다른 방식을 통해 하나님의 사업에 기여할 수 있었습니다.

Ⅲ. 적용하기

1. 현재 당신이 마음에 부담을 갖고 있는 나라가 있습니까? 어떤 나라입니까? 그리고 그 이유는 무엇입니까?

2. 단기선교 프로그램에 참여한 경험이 있는 성도가 있다면 그때의 경험을 나눠 봅시다. 현지 선교사역에 있어서 가장 필요한 요소가 있다면 무엇이라고 생각하십니까?

3. 가능하다면 오늘 당신이 알고 있는 선교사에게 편지(혹은 이메일)을 보내어 격려해 줍시다. 그리고 그와 그들의 자녀들을 위해 기도합시다.

> 모든 그리스도인은 세계를 품은 그리스도인, 세상으로 보냄받은
> 그리스도의 제자, 지상 명령을 수행하는 그리스도인,
> 하나님의 종이 되어야 한다. – 로빈 톰슨

세례와 성만찬

찬 송: 281, 283장
본 문: 마태복음 3:13-17/ 고린도전서 11:23-27
요 절: 고린도전서 11:26

¹³이 때에 예수께서 갈릴리로서 요단강에 이르러 요한에게 세례를 받으려 하신대 ¹⁴요한이 말려 가로되 내가 당신에게 세례를 받아야 할 터인데 당신이 내게로 오시나이까 ¹⁵예수께서 대답하여 가라사대 이제 허락하라 우리가 이와 같이 하여 모든 의를 이루는 것이 합당하니라 하신대 이에 요한이 허락하는지라 ¹⁶예수께서 세례를 받으시고 곧 물에서 올라오실새 하늘이 열리고 하나님의 성령이 비둘기같이 내려 자기 위에 임하심을 보시더니 ¹⁷하늘로서 소리가 있어 말씀하시되 이는 내 사랑하는 아들이요 내 기뻐하는 자라 하시니라

²³내가 너희에게 전한 것은 주께 받은 것이니 곧 주 예수께서 잡히시던 밤에 떡을 가지사 ²⁴축사하시고 떼어 가라사대 이것은 너희를 위하는 내 몸이니 이것을 행하여 나를 기념하라 하시고 ²⁵식후에 또한 이와 같이 잔을 가지시고 가라사대 이 잔은 내 피로 세운 새 언약이니 이것을 행하여 마실 때마다 나를 기념하라 하셨으니 ²⁶**너희가 이 떡을 먹으며 이 잔을 마실 때마다 주의 죽으심을 오실 때까지 전하는 것이니라** ²⁷그러므로 누구든지 주의 떡이나 잔을 합당치 않게 먹고 마시는 자는 주의 몸과 피를 범하는 죄가 있느니라

◎ 다음 몇 가지 질문에 관해 의견을 나눠 봅시다.

1) 당신이 세례를 받았던 때를 기억하고 있습니까? 그때 당신의 마음은 어떠했습니까?

_____

2) 당신이 다니는 교회에서는 성찬식을 얼마나 자주 행하고 있습니까? 성찬식을 행하는 것이 당신의 영적인 성장에 어떤 도움이 된다고 생각하십니까?

_____

관찰을 위한 도움 글

교회에는 '성례전'(聖禮典, sacrament), 즉 문자 그대로 성스러운 예식이라고 규정되는 두 가지 예식이 있습니다. 이것이 세례와 성만찬입니다. 교회의 구성원이 되고자 하는 사람은 누구든지 세례를 받게 되며, 그때부터 교회에서 열리는 성만찬에 참여하게 됩니다. 그러나 때로 이 예식들이 당연한 통과의례나 습관적으로 행해지는 의식처럼 되어, 참여하면서도 이 예식의 의미를 깊이 있게 느끼지 못하는 성도들을 주변에서 많이 보게 됩니다. 오늘은 이 두 가지 성례전에 대해 공부해 보도록 하겠습니다.

1. 본문 속으로

본문은 복음서 가운데서 세례와 성만찬의 장면을 묘사하고 있는 부분을 발췌한 것입니다.

1. 예수께서 세례를 받으신 때는 언제입니까?(마 3:13)

2. 마태복음 3장 2절, 6절을 읽을 때 발견할 수 있는 세례의 의미는 무엇입니까?(고전 11:23)

___

3. 예수께서 성만찬 의식을 행하신 때는 언제입니까?(고전 11:24-26)

___

4. 예수께서 성만찬 의식을 행하신 이유는 무엇이라고 생각하십니까?

___

해석을 위한 도움 글

예수 그리스도께서는 공생애 사역을 시작하시면서 세례를 받으셨습니다. 그리고 하나님께서는 이를 크게 기뻐하셨습니다. 이렇게 세례는 모든 그리스도인들이 자신이 그리스도인으로서의 삶을 시작하는 예표로 삼는 의식입니다. 그러나 성만찬은 이와 반대로 예수께서 공생애 사역의 마지막 단계에서 제자들로 하여금 당신을 기념하게 하기 위해 제정하신 예식입니다. 우리는 이 예식을 행할 때마다 예수 그리스도의 십자가 사역을 기억하며 제자로서 자신의 삶을 결단해야 합니다.

II. 배우기

그렇다면 이 두 가지 예식에 어떤 의미가 담겨 있는지 좀더 자세히 살펴보겠습니다.

1. 세례의 의미

1) 죄를 씻음

가장 기본적으로 세례는 물로서 몸을 씻듯 지난 죄를 씻어버리는 회개를 상징합니다.

> 이제는 왜 주저하느뇨 일어나 주의 이름을 불러 세례를 받고 너의
> (   ) 하더라(행 22:16)

2) 그리스도와 함께 죽음

나아가 세례는 자신의 지난 날의 잘못된 삶을 깨끗이 마감하는 것을 의미합니다. 그러나 이 죽음은 죽음으로서 끝나는 것이 아니라 그리스도와의 새로운 삶을 위해서 반드시 거쳐야 하는 단계입니다.

> 무릇 그리스도 예수와 합하여 세례를 받은 우리는 그의 (   )과 합하여 세례 받은 줄을 알지 못하느뇨 그러므로 우리가 그의 죽으심과 합하여 세례를 받음으로 그와 함께 장사되었나니 이는 아버지의 영광으로 말미암아 그리스도를 죽은 자 가운데서 살리심과 같이 우리로 또한 (   ) 가운데서 행하게 하려 함이니라(롬 6:3-4)

3) 그리스도와 함께 다시 살아남

이제 그리스도의 죽음에 참예하여 세례받은 사람은 이와 동시에 그의 부활에 참예하여 그와 더불어 새로운 삶을 살아가야 합니다. 예수 그리스도의 인격과 그 말씀 안에서 모든 생각과 말과 행동이 그리스도화 되는 삶을 살아야 합니다. 성경은 이러한 삶을 그리스도로 '옷 입는' 삶이라 말합니다.

> 너희가 세례로 그리스도와 함께 장사한 바 되고 또 죽은 자들 가운데서 그를 일으키신 하나님의 역사를 믿음으로 말미암아 그 안에서 함께

(　　　　　) 받았느니라(골 2:12)

누구든지 그리스도와 합하여 세례를 받은 자는 그리스도로
(　　　　　) (갈 3:27)

이러한 삶의 과정은 곧 성령 충만한 삶이라고 해석할 수 있습니다. 성경은 세례받음과 성령받음을 함께 연결해서 말씀하고 있습니다.

베드로가 가로되 너희가 회개하여 각각 예수 그리스도의 이름으로
(　　)를 받고 죄 사함을 얻으라 그리하면 (　　)을 선물로 받으리니(행 2:38)

따라서 세례받은 사람의 삶은 이전의 삶과 반드시 구분되어야 합니다. 예수 그리스도를 만나기 전의 자신의 삶은 이미 죽었고, 이제 그리스도의 인격을 닮은 새로운 인격으로 성령의 인도하심에 따라 살아가야 하기 때문입니다.

> 세례를 뜻하는 헬라어 '밥티스마'(βάπτισμα)는 '침수(浸水)한다'는 동사에서 나온 말로, 원래 몸통을 물속에 잠그는 침례(浸禮)의식이었습니다. 물에 온 몸을 담그는 것은 죽음이요, 거기서 다시 건짐을 받는 것은 새로운 삶으로의 거듭남을 상징합니다. 옛 자아가 죽고 새로운 자아가 탄생하는 순간입니다. 초대교회에서는 이 예식을 부활절 새벽에 행했습니다.

2. 성만찬

1) 성만찬은 예수 그리스도를 기념하는 의식입니다.

성만찬에 임하는 우리는 그리스도의 고난을 기억해야 합니다. 혀로 떡의 감촉과 포도주의 맛을 직접 느끼면서 우리는 그 십자가 사건으로 우리가 구원받았음을 감사해야 합니다. 이를 통해 우리는 하나님의 구원의 언약을 기억하게 됩니다.

너희가 이를 행하여 나를 (　　　　) 하시고(눅 22:19)

이것은 죄 사함을 얻게 하려고 많은 사람을 위하여 흘리는 바 나의 피 곧 (　　　　)니라(마 26:28)

> 여기서 '기념'을 의미하는 헬라어 '아남네시스' (ἀνάμνησις)는 '회상하다' 라는 의미의 단어 '아나밈네스코' 라는 단어에서 파생된 것입니다. 예수께서는 이 예식을 행할 때마다 그리스도의 십자가 죽음의 의미를 잊지 말고 항상 기억하라고 당부하신 것입니다. 실제 초대교회 예배에서 이러한 '아남네시스'는 중요하게 여겨져 매 예배 때마다 말씀이 끝난 후 세례 받은 자들만 남아서 성만찬을 실시하였습니다.

2) 성만찬은 예수 그리스도와 하나됨을 의미하는 의식입니다.

예수 그리스도의 살과 피를 먹으면서 우리는 예수께서 내 안에 살아 계심을 경험하고 결단합니다.

내 살을 먹고 내 피를 마시는 자는 (　　　) 거하고 (　　　) 그 안에 거하나니(요 6:56)

우리가 축복하는 바 축복의 잔은 그리스도의 피에 (　　　)이 아니며 우리가 떼는 떡은 그리스도의 몸에 (　　　)이 아니냐(고전 10:16)

3) 성만찬은 성도들이 예수 그리스도 안에서 한 몸된 지체임을 의미하는 의식입니다.

함께 식탁에 앉아 밥을 먹는 사람들은 '식구'입니다. 우리는 모두 다른 모습, 다른 은사, 다른 삶의 모습으로 살아가고 있지만, 성만찬이라는 상 아래 모일 때 비로소 예수 그리스도 안에서 형제, 자매된 한 식구, 한 가족임을 경험하게 됩니다.

떡이 하나요 많은 우리가 (   ) 이는 우리가 다 한 떡에 참예
함이라(고전 10:17)

결론적으로 우리는 세례와 성만찬 모두 예수 그리스도 안에서 사는 삶과 연결되어 있음을 발견할 수 있습니다. 개신교에서는 말씀의 전통이 강조되어 자칫 성례전이 약화될 가능성이 있습니다.

> **적용을 위한 도움 글**
>
> 초대교회 교부 크리소스톰(Chrysostom)은 감독으로 임직될 때 자신이 성례전을 주관해야 한다는 사실에 무척이나 망설였습니다. 그 자리는 하늘의 성스러운 세계와 땅의 속된 것이 만나는, 교통하는 자리라고 믿었기 때문입니다. 성례전에 참여하면서 그리스도의 임재를 직접 경험하시기 바랍니다. 그리고 일상 생활 가운데서 예수 그리스도의 뜻대로 삶을 살아가시기를 원합니다.

III. 적용하기

1. 세례와 성만찬에 대해 오늘 배운 사실들 가운데 가장 마음에 와 닿는 내용을 한 가지씩 돌아가면서 이야기해 봅시다.

　

2. 당신 앞이 이번 주일에 세례를 받는 사람이 한 분 있다고 가정합시다. 그분에게 세례의 의미에 대해서 어떻게 설명하시겠습니까?

3. 당신은 성만찬에서 떡과 포도주를 받으면서 어떤 결단을 하십니까?
그 결단이 당신의 삶에 영향을 미치고 있습니까?

_____

_____

실천적인 성만찬은
주님의 이름으로 고통받고 고난받는 가난한 사람들에게
주님의 이름으로 사랑을 베푸는 것에 있습니다.
– '라우폴의 시' 에서

건강한 주일성수

찬 송: 57, 56장
본 문: 출애굽기 20:10 / 마가복음 3:1-5
요 절: 출애굽기 20:10

¹⁰제칠일은 너의 하나님 여호와의 안식일인즉 너나 네 아들이나 네 딸이나 네 남종이나 네 여종이나 네 육축이나 네 문안에 유하는 객이라도 아무 일도 하지 말라

¹예수께서 다시 회당에 들어가시니 한편 손 마른 사람이 거기 있는지라 ²사람들이 예수를 송사하려 하여 안식일에 그 사람을 고치시는가 엿보거늘 ³예수께서 손 마른 사람에게 이르시되 한가운데 일어서라 하시고 ⁴저희에게 이르시되 안식일에 선을 행하는 것과 악을 행하는 것, 생명을 구하는 것과 죽이는 것, 어느 것이 옳으냐 하시니 저희가 잠잠하거늘 ⁵저희 마음의 완악함을 근심하사 노하심으로 저희를 둘러보시고 그 사람에게 이르시되 네 손을 내밀라 하시니 그가 내밀매 그 손이 회복되었더라

◎ 다음 몇 가지 질문에 관해 의견을 나눠 봅시다.

1) 당신은 보통 주일 하루를 어떻게 보내고 계십니까? 자신의 주일 일과에 대해 이야기를 나눠 봅시다.

___

2) '주일을 지킨다' 라는 말을 흔히 교회를 가는 것으로 해석합니다. 그 외에 어떤 뜻이 있다고 생각하십니까?

___

관찰을 위한 도움 글

그리스도인과 비그리스도인 사이의 가장 큰 차이를 말하라고 한다면 아마도 '주일에 교회를 가는가? 그렇지 않은가?' 의 차이라고 말할 수 있을 것입니다. 그러나 경제적인 수준이 향상되어 여가 활용에 대한 관심의 비중이 높아지고, 여러 가지 교리에 대한 생각들이 다원화 되어가는 사회 속에서 주일의 위상이 예전같지 않은 것도 사실입니다. 이런 상황에서 주일이 어떤 날인지에 대해 고민해 보는 것은 참으로 중요한 일입니다. 어떻게 하는 것이 올바른 '주일성수' 일까요? 단지 주일에 교회 다녀오는 것만으로 충분한 것일까요? 오늘은 바람직한 주일 성수가 어떤 것인지에 대해 생각해 보기로 합니다.

I. 본문 속으로

본문은 하나님께서 율법 가운데 안식일 규례를 선포하시는 구약의 말씀과 예수께서 바로 그 안식일에 바리새인들과 올바른 안식일 이해에 대해 논쟁하시는 신약의 장면을 함께 보여 주고 있습니다.

1. 출애굽기 20:10을 근거로 할 때 하나님께서 안식일에 명하신 것을 한 마디로 요약하면 무엇입니까?

　안식일에는 생계를 위한 어떤 일도 허용되지 않았습니다. 그러므로 실제 생활에 있어 주일에 할 수 있는 일과 할 수 없는 일을 구분해야 할 필요도 끊임없이 제기되었습니다. 법의 선포는 반드시 구체적인 적용을 전제로 하고 있어야 하기 때문입니다. 시간이 지남에 따라 할 수 없는 일의 목록들이 점차 율법의 규례에 포함되고, 율법은 점차 복잡해졌습니다. 이러한 환경에서 예수 그리스도는 이 문제로 수차례 율법에 정통한 사람들과 충돌합니다. 본문은 그 가운데 한 사건을 담고 있습니다.

2. 바리새인들의 기준에서 안식일을 지키는 기준은 무엇이었습니까? (2절, 막 2:24 참조)

---

3. 이에 대해 예수께서는 안식일 정신의 본질을 설명하십니다. 요약하면 안식일에는 어떤 일을 해야 합니까?

---

4. 이 논쟁에 대한 결론적인 메시지는 이미 앞서 일어난 2장의 사건에서 예고된 바 있습니다. 예수께서 강조하신 안식일의 개념에는 어떤 것이 있습니까?(2:27 참조)

> **해석을 위한 도움 글**
>
> '왜 구약의 가르침처럼 안식일을 지키지 않고, 주일을 지키느냐?' 는 질문을 받는 경우가 종종 있습니다. 분명 주일에 대한 논의는 구약의 안식일 전통에서 출발합니다. 기독교 전통에서는 예수께서 다른 율법과 마찬가지로 안식일의 정신을 계승하고 성취하셨다고 규정하고 있습니다. 예수께서 안식일의 개념을 완성하셨기 때문에, 예수께서 부활하신 날은 구약의 안식일을 새롭게 계승하게 된 것을 의미합니다. 따라서 '안식 후 첫날' (행 20:7)의 전통이 '매주일 첫날' (고전 16:2)로 그리고 '주의 날' (계 1:10)로 발전되어간 것으로 보입니다. 성경과 다른 기록들에서 초대교회 성도들은 이 날 모여 말씀을 나누고, 성찬을 거행하며, 사랑의 교제를 나누었음을 발견할 수 있습니다. 따라서 우리는 주일을 예수께서 명하신 안식일 규례의 연장선 상에서 이해하는 것이 당연한 일입니다.

II. 배우기

그렇다면 우리는 주일을 어떻게 규정하며, 어떤 실천을 해야 합니까? 성경의 규정을 근거로 살펴보겠습니다.

1. 주일은 문자 그대로 '주의 날' 입니다.

성경은 안식일의 제정자, 안식일의 주체가 누구인지를 분명하게 규정하고 있습니다. 구약에서는 여호와 하나님이, 신약에서는 예수님께서 친히 자신이 안식일의 주인이심을 규정하고 있습니다.

제칠일은 너의 (　　　　　　) 안식일인즉(출 20:10)

(　　　)는 안식일의 주인이니라 하시니라 (마 12:8)

따라서 주일이라는 개념 역시 인간들이 임의로 정한 것이 아닙니다. 하나님께서 정하셔서 명하신 것입니다. 하나님께서 정하신 날이기 때문에 다른 일과는 분명히 다른 성격이 있습니다. 그것은 '거룩함' 입니다.

2. 주일은 '안식' 의 날, 즉 '쉬는 날' 입니다.

사실 하나님께서 그 날을 구분하여 거룩하게 하신 이유는 한 가지 밖에 없습니다. 그것은 당신께서 그 날 창조를 마치고 쉬셨기 때문입니다. 그러한 하나님께서는 우리들도 쉬기를 명령하셨습니다.

> 제칠일은 너의 하나님 여호와의 안식인즉 너나 네 아들이나 네 딸이나 네 남종이나 네 여종이나 네 소나 네 나귀나 네 모든 육축이나 네 문 안에 유하는 객이라도 아무 일도 하지 말고 네 남종이나 네 여종으로 너같이 (   ) 할지니라(신 5:14)

여기서 우리는 한 가지 의문을 가질 수 있습니다. 과연 이러한 방식의 휴식이 누구를 위해 필요한 것일까? 하나님입니까? 아닙니다. 그것은 사람입니다. 하나님께서는 사람을 위해 안식일을 주셨습니다. 그것도 어떤 사람들입니까? 본문은 분명 부유한 가장에게 주어진 명령입니다. 하지만 그 명령의 수혜자는 누구입니까? 쉬는 날이 없이 일해야 했던 종들과 육축들입니다. 예수께서 세상에 오셨던 목적과도 같이 안식일 역시 사회적인 약자들을 위해 존재하고 있었던 것입니다. 예수님께서 다음과 같이 선포하고 계십니다.

> 또 가라사대 안식일은 (   ) 위하여 있는 것이요 사람이 안식일을 위하여 있는 것이 아니니(막 2:27)

3. 주일은 하나님의 일을 하는 날입니다.

오늘 본문에서 예수님께서는 안식일의 금기를 깨고 병자를 고치셨습니다. 여기서 우리는 주일을 지키는 것이 바리새인들이 주장했던 것과 같이 단순히 '하지 않는 일'의 수를 늘리는데 있지 않음을 발견할 수 있습니다. 주일은 하나님의 날이고, 하나님께서 인간을 위해 만드신 날입니다. 그렇다면 그 날에 우리가 어떤 일을 해야 한다고 예수님께서는 말씀하십니까?

저희에게 이르시되 안식일에 (   )과 악을 행하는 것, (   )과 죽이는 것, 어느 것이 옳으냐 하시니 저희가 잠잠하거늘(막 3:4)

주일에 우리는 선을 행하고, 생명을 구하는 일을 해야 합니다. 일을 하지 말아야 한다는 조항에 묶여 다른 사람이 고통받는 것을 보면서 아무 일도 하지 않는 것은 주일을 올바르게 지키는 것이 아닙니다.

따라서 우리는 다음의 결론에 도달할 수 있습니다.

1) 주일은 자신을 위한 일을 멈추는 날입니다.
사실 안식일 규례에 대한 조항들(출 20:10; 출 23:12; 신 5:14)의 정황을 보면, 여기 나타난 '일'은 분명 당시 생계를 유지하기 위해서나 또는 자신의 재산을 늘리기 위해서 해야만 했던 일이었음을 추측할 수 있습니다. 하나님께서는 이 날 자신의 소유와 쾌락만을 위한 일을 중지할 것을 명령하고 계신 것입니다.

2) 주일은 하나님의 일을 하는 날입니다.
안식일, 주일은 하나님께서 제정하신 날입니다. 따라서 우리는 그 날을 하나님을 위한 일, 하나님께서 원하시는 일을 하는데 보내야 합니다. 이 날 우리가 교회에 모여 예배드리는 것은 무엇보다도 하나님의 영광을 위해서입니다. 말씀을 배우고, 서로 교제를 나누고, 교회의 이름으로 여러 가지 섬김의 일을 하는 것은 모두 그런 이유에서입니다.

3) 하나님의 일에는 다른 사람을 돕는 일이 포함되어 있습니다.
하나님의 일이 단지 우리가 교회에 모여 예배 드리고, 교제를 나누는 일에 한정되어 있지 않다는 사실입니다. 예수님께서 선을 행하고 생명을 살리는 일을 중시하신 것처럼 우리는 주변의 고통받는 사람들, 도움이 필요한 사람들에게 예수 그리스도의 이름으로 선을 행하는 그리스도의 대행자가 되어야 합니다.

> **적용을 위한 도움 글**
>
> 안식과 휴식의 날임에도 불구하고
> 우리가 주일에 마땅히 행하지 않으면 안되는 수고가 세 가지 있다.
> 첫째는 경건의 수고,
> 둘째는 필수적인 일의 수고,
> 셋째는 사랑의 수고이다.
>
> - 에스겔 홉킨스

III. 적용하기

1. 지금까지 공부한 내용을 바탕으로 당신의 주일 시간 사용에 대해 진단해 보십시오.

   1) 당신은 주일에 자신의 소유와 쾌락을 위한 일을 최대한 중단하고 계십니까?

2) 당신은 주일에 주로 하나님의 일을 하고 있다고 생각하십니까?
_____

3) 그 하나님의 일에는 이웃과 자연을 위한 일이 포함되어 있습니까?
_____

2. 앞으로 주 5일제 근무가 실시되면 교회가 '주일성수' 문제에 어려움을 겪게 될 것이라는 우려의 목소리가 있습니다. 당신은 금요일 오후에 2박 3일의 여행을 떠나는 것에 대해 어떻게 생각하십니까?
_____
_____

하나님은 성별하심으로 주일을 거룩하게 하시고,
우리는 헌신함으로 그 날을 거룩하게 한다.
– 에스겔 홉킨스

"주를 경외하게 하는 주의 말씀을 주의 종에게 세우소서"(시 119:38)

하나님의 말씀으로 사람을 세우는
프리셉트성경연구원

프리셉트성경연구원(Precept Ministries International)은 미국에 본부를 둔 초교파적인 복음주의 기독교 단체로서, 사람들을 하나님의 말씀으로 무장시키고 삶의 전 영역에서 하나님을 섬기도록 돕는 데 그 비전과 목표를 두고 있습니다.

프리셉트성경연구원은 1년에 약 12주씩 4학기(3월, 6월, 9월, 12월 개강) 동안 매주 월요일에 귀납적 성경연구 세미나와 강해설교 학교를 진행합니다.

프리셉트성경연구원의 사역은 다음과 같습니다.

1. 하나님의 말씀으로 세운다 _ 귀납적 성경연구 사역
2. 하나님의 사람을 세운다 _ 문서 사역
3. 하나님의 교회를 섬긴다 _ 목회 은사 개발 사역
4. 하나님의 사람을 파송한다 _ 프리셉트 선교 사역

프리셉트성경연구원 사역 문의 및 연락처
서울시 서초구 청룡마을길 8-1(신원동) Tel: 02-588-2218 Fax: 02-588-2268
www.precept.or.kr

새가족 성경공부 교재

복음에 감격하는 새가족 성경공부

처음 교회에 등록한 분들이 초신자이든 기신자이든 예수님을 만나서 변화된 삶의 축복을 누리도록 돕는 교재다. 이런 의미에서 초신자와 기신자를 함께 아우르는 통합반 교재라고 할 수 있다(인도자용 별도).

■ 김경섭 지음 | 학생용 값 5,000원 인도자용 값 6,000원

초신자를 위한 새가족 성경공부

처음 교회에 출석하는 초신자들에게 삼위일체 하나님과 구원 그리고 구체적인 신앙생활을 안내하는 교재다. 비교적 쉽고 단순하게 만들었기에, 견고한 신앙의 기초를 다지게 할 것이다.

■ 김경섭 지음 | 값 3,500원

기신자를 위한 새가족 성경공부

교회에 등록하는 성도 중 상당수는 이미 예수님을 믿고 교회 생활을 해 온 분들이다. 그분들이 처음 교회에 등록했을 때 신앙의 기초를 확인하고 좀 더 깊이 신앙생활을 할 수 있도록 안내하는 성경공부 교재다.

■ 김경섭 지음 | 값 3,800원

새가족 나눔 교재

오늘날 성도 중에는 '성경공부'라는 단어에 거부감을 가지는 사람들도 있다. 이 교재는 공부하는 도구라기 보다는 함께 교재를 나눈 후에 같이 읽어 가는 나눔식 새가족 안내 자료다.

■ 김경섭 지음 | 값 3,800원

프리셉트 T. 02-588-2218 | www.precept.or.kr

단계별 성경공부 교재

❶ 프리셉트 맨투맨 제자 양육
예수님의 제자로 살고자 할 때 가장 기초가 되는 10가지 사항을 하나님의 말씀으로 적용하도록 안내하는 교재다(1시간 예습, 교사용 별도).
■ 프리셉트성경연구원 편 | 학생용 값 8,000원 교사용 값 10,000원

❷ 프리셉트 신앙성장 학교 I
신앙생활을 시작한 성도가 예수님의 사랑으로 신앙심이 자라갈 때 점검해야 할 사항들을 주제별로 엮은 교재다(1시간 예습).
■ 김경섭 지음 | 값 6,500원

❸ 프리셉트 큐티 학교
하나님의 말씀을 매일 묵상할 수 있도록 도와주는 국상지인 『묵상하는사람들 QT』를 효과적으로 사용할 수 있게 안내하는 교재다.
■ 김경섭 지음 | 값 5,000원

❹ 프리셉트 제자도
약 22주의 과정 동안 '마음의 세계, 행실, 이웃관계와 공동체, 하나님과의 관계' 등에 대해 본격적으로 훈련하는 내용을 담고 있다(90분 예습).
■ 김경섭 지음 | 값 9,500원

❺ 성막
예수님의 삶과 사역을 예표하는 하나님의 특별 교육 도구요 임재의 처소였던 구약 시대의 성막을 통해, 예수님을 깊이 체득하는 시간을 갖는다(90분 예습, 인도자용 별도).
■ 김경섭 지음 | 학생용 값 8,000원 인도자용 값 15,000원

❻ 성도의 확신 I, II
이 교재는 제자로서 하나님의 마음을 알고 성도의 7대 확신(사죄, 구원, 임재, 동행, 기도 응답, 승리, 상급)을 확립할 수 있게 돕는다(5시간 예습).
■ 김경섭 지음 | 1권 값 10,000원 2권 값 15,000원

❼ 성도의 사역
한 성도가 지역 교회의 평신도 지도자로서 확립해야 할 내용을 숙지하고 성숙한 제자로 자라 가는 데 있어서 결정적으로 도움을 주는 필수코스다(5시간 예습).
■ 김경섭 지음 | 값 18,000원

❽ 성도의 세계관
이 교재는 무신론적 세계관(예: 진화론, 유물론, 공산주의, 주체사상 등)에 의해 가치관의 혼돈을 겪는 성도들에게 성경 말씀에 근거해 기독교적 세계관을 확립하도록 도와주는 교재다.
■ 김경섭 편저 | 값 22,000원

프리셉트 T.02-538-2218 | www.precept.or.kr

■ PRECEPT BOOK LIST

I. 리더십·성공

1. 리더가 저지르기 쉬운 10가지 실수(컴팩트) 한스 핀젤
2. 참된 성공에 이르는 비결 데이비드 쇼트
3. 파워리더 여호수아 김경섭
4. 파워리더 느헤미야 김경섭
5. 모세 지도력의 비밀 김경섭
6. 사사열전 김경섭
7. 담대한 믿음, 여호수아 이윤재
8. 믿음의 영웅들 김경섭

II. 영성·자기 계발

1. 축복의 언어 존 트렌트·게리 스몰리
2. 고통의 의미 케이 아더
3. 소망 케이 아더
4. 하나님을 향한 마음 케이 아더
5. 하나님의 주권 케이 아더
6. 비전의 힘(컴팩트) 마일즈 먼로
7. 축복의 통로 래리 허커
8. 영적 전투의 전략 워렌 W. 위어스비
9. 영성 회복을 위한 일곱 가지 열쇠 스티븐 아타번·데이빗 스톱
10. 삶을 변화시키는 성령의 능력 해롤드 힐
11. Oswald Sanders의 영적 성숙 오스왈드 샌더스

III. 가정·상담·치유

1. 성, 그 끝없는 유혹 케이 아더
2. 아내를 사랑하는 10가지 방법 한스 & 도나 핀젤
3. 행복한 결혼생활의 비결 케이 아더
4. 영적 치유 케이 아더
5. 자녀를 하나님의 사람으로 만드는 43가지 지혜 앤드류 머레이
6. 자녀와 함께 드리는 가정예배 프리셉트성경연구원
7. 사랑은 강인해야 한다 제임스 돕슨

IV. 목회·교회·교육

1. OLD & NEW 김우영, 김병삼
2. 장로교와 감리교 무엇이 다른가? 김우영
3. 심방설교 핵심파일 프리셉트성경연구원
4. 존 스토트 설교의 원리와 방법 안병만
5. 청중을 사로잡는 설교자 캘빈 밀러
6. 나의 나 된 것은 하나님의 은혜라 케이 아더
7. 하나님 이름에 숨겨진 비밀 케이 아더
8. 네트워크 은사발견 사역(주교재) 빌 하이벨스 외
9. 성경 길잡이 케이 아더
10. 어린이 전도행전 홍영순
11. 효과적인 목회전략 토니 모건·팀 스티븐스
12. 가정교회를 일으켜라 래리 크레이더
13. 교회 갈등, 이렇게 해결하라! 케네스 O. 갱글 & 새뮤얼 A. 캐나인
14. 좋은 교회에서 위대한 교회로 톰 레이너
15. 사명을 수행하는 교회 데니스 비커스
16. 열정적 설교 알렉스 몬토야
17. 주제별 말씀 모음집 김경섭 외
18. 개척 그 이후, 열두광주리교회 이야기 오대희
19. 속죄와 동행 이규봉
20. 왜 이야기인가? 김연수

V. 교사·리더

1. 감동을 창조하는 인간관계 윌리암 J. 디엄
2. 감정 치유의 6단계 데이비드 클락
3. 프리셉트 귀납적 성경 연구 방법 케이 아더
4. 위대한 교사 위대한 리더 게리 브레드펠트
5. 복음이란 무엇인가? 김경섭

VI. 기도·신앙생활

1. 기도하는 엄마들(소책자) 펀 니콜스
2. 삶을 변화시킨 끄웨르바 이야기 김연수
3. 홍정길 목사의 301가지 감동 스토리 I 프리셉트성경연구원
4. 홍정길 목사의 301가지 감동 스토리 II 프리셉트성경연구원
5. 나비 이야기 프리셉트성경연구원
6. 언약, 신실하신 하나님의 약속 케이 아더

7	하나님, 솔직히 돈이 좋아요! 김병삼	12	항상 기뻐하라(빌립보서 강해) 김경섭
8	그리스도의 가상칠언 김경섭	13	고통의 의미 케이 아더
9	놀라운 하나님의 이름 김경섭	14	기도하십니까? 후안 카를로스 오르티즈
10	하나님을 미스깃게 하는 0 야기 김병삼	15	성경적 EQ 개발 크리스 테만
11	하늘의 음성(산상수훈) 김중섭	16	성공의 삶을 디자인하라 피터 허쉬

Ⅶ. 묵상 · 성경공부

1	큐티합시다 오대희	5	예수님의 비유로 풀어 쓴 천국 시크릿 김연수
2	Q.T 첫 걸음 프리셉트성경연구원	6	스토리텔링 다윗 설교 김연수
3	효과적인 경건의 시간 케이 아더	7	묵상하는사람들 QT 프리셉트성경연구원
4	성경을 믿어야 하는 일곱 가지 이유 어윈 루처	8	지혜로운 生테크 이렇게 하라 웨인 수미트

Ⅷ. 핸드북

1	그리스도와 함께 앤드류 머레이	7	성공을 가로막는 일곱가지 장애 김병삼
2	기도, 하나는과의 로망스 후안 카를로스 오르티즈	8	성공을 디자인하는 삶의 비밀 피터 허쉬
3	나를 연단하시는 하나님의 섭리 케이 아더	9	인간관계, 감동으로 창조하라 윌리엄 J. 디엄
4	십자가 상의 일곱 마디 말씀 김경섭	10	영성회복을 위한 40가지 열쇠 스티븐 아테번 외
5	소리나는 스프 홍정길	11	토마스 아 켐피스의 그리스도를 본받아 토마스 아 켐피스
6	일상에서 바운 삶의 지혜 토드 템플		

Ⅸ. 클래식 시리즈

1	온전한 순종 앤드류 머레이	6	현대인을 위한 참된 목자 리처드 백스터
2	인류 최고의 고전 그리스도를 본받아 토마스 아 켐피스	7	현대인을 위한 성도의 공동생활 디트리히 본회퍼
3	앤드류 머레이의 하늘문을 여는 기도 앤드류 머레이	8	현대인을 위한 죄 죽이기 존 오웬
4	현대인을 위한 예수님이라면 어떻게 하실까? 찰스 쉘던	9	현대인을 위한 천로역정 존 번연
5	현대인을 위한 어거스틴의 고백록 성 어거스틴	10	현대인을 위한 제자도의 대가 디트리히 본회퍼

Ⅹ. 어린이

1	놀라운 성경 탐험 메리 홀딩스워스	12	살아 있는 순교자 리처드 범브란트 캐서린 맥켄지
2	말씀으로 치유되는 십대들의 고민 50가지 필 첼머스	13	종교 개혁의 횃불을 든 마틴 루터 캐서린 맥켄지
3	나의 사랑하는 성경(구약) 오대희	14	열정의 복음 전도자 디엘 무디 낸시 드러먼드
4	나의 사랑하는 성경(신약) 오대희	15	버마를 구한 하나님의 사람 아도니람 저드슨 아이린 호왓
5	파란 눈의 중국인 선교사 허드슨 테일러 캐서린 맥켄지	16	어둠을 밝힌 위대한 종교 개혁자 존 칼빈 캐서린 맥켄지
6	고아들의 영웅 조지 뮬러 아이린 호왓	17	천로역정을 저술한 믿음의 순례자 존 번연 브라이언 코즈비
7	어린이를 위한 벤허 루 월리스	18	나치에 저항한 행동하는 양심 디트리히 본회퍼 데이스드림 매클라우드
8	어린이를 위한 천로역정 존 번연	19	부흥의 불꽃을 일으킨 천재 신학자 조나단 에드워즈 크리스테안 티모시 조지
9	고통 속에서 희망을 노래하는 코리 텐 붐 체스티 호프 바에즈	20	위대한 복음의 밀수꾼 브라더 앤드류 낸시 드러먼드
10	달리기 챔피언 선교사 에릭 리들 존 케디		
11	꿈과 열정의 전도자 빌 브라이트 킴 트위첼		

Ⅺ. 청소년

1	수험생을 위한 100일 묵상 프리셉트성경연구원	3	청소년 365일 묵상집 프리셉트성경연구원
2	입시생을 위한 60일 묵상 프리셉트성경연구원	4	청소년을 위한 구약개관 프리셉트성경연구원

G.B.S. 하나님 마음에 합한 시리즈 ❶
하나님 마음에 합한 생활

| 지은이 | | 프리셉트성경연구원 편 |

초판 1쇄		2001년 12월 28일
개정 1판 1쇄		2012년 2월 3일
개정 2판 1쇄		2014년 7월 18일
개정 2판 5쇄		2023년 2월 15일

발행인		김경섭
국제총무		최복순
총무		김현욱
협동총무		김상현
편집부		고유영(편집실장), 김성경
사역부		윤귀순(재무실장), 홍윤정(세미나팀장)
인쇄		영진문원

발행처		묵상하는사람들
등록번호		20-333
일부총판		생명의말씀사 Tel. (02) 3159-7979 Fax. 080-022-8585

주소		서울특별시 서초구 청룡마을길 8-1(신원동) (우) 06802
전화		(02) 588-2218 팩스	(02) 588-2268
홈페이지		www.precept.or.kr

국민은행 772-21-0310-382(김경섭)
2001, 2012, 2014 ⓒ 묵상하는사람들

값 5,000원
ISBN 978-89-8475-629-8 04230
     978-89-8475-353-2 04230(세트)

독자 여러분의 의견을 기다립니다.
독자 전화 (02) 588-2218 / pmbook77@naver.com